W0056869

Birgit Laux · Michael Kalff

Sonne, Mond und Sternenkinder

Mit der Mondmaus in Spielen, Liedern und Geschichten die Phänomene des Himmels erforschen

Illustrationen von Kerstin Heinlein

Ökotopia Verlag Münster

Impressum

AutorInnen: Michael Kalff, Birgit Laux

Illustrationen: Kerstin Heinlein

Lektorat: Martina Kroth

ISBN: 3-931902-71-4

2 3 4 5 6 7 · 07 06 05 04 03 02

Alle Lieder dieses Buches gibt es auf der CD:
Sonne, Mond und Sternenkinder
Lieder Tänze und Geschichten mit der Mondmaus
ISBN: 3-931902-72-2

Inhaltsverzeichnis

Zu diesem Buch

Astronomie für Kinder – ist das nicht ein wenig hoch gegriffen? Wo doch selbst die meisten Erwachsenen mit Mühe nur zwei, drei Sternbilder kennen, sich an die Namen der meisten Planeten zwar erinnern, diese aber noch nie am Himmel gesehen haben, und ins Schwitzen geraten, wenn sie nach der Entstehung der Mondphasen oder gar der Jahreszeiten gefragt werden?

Sich von den zehntausend Lichtern des gestirnten Himmels ergreifen lassen, alte Sternsagen hören, durch ein Teleskop in die Tiefe des Alls blicken – das gehört ausgerechnet im Raumfahrtzeitalter nicht mehr selbstverständlich zu einer Kindheit.

Deshalb dieses Buch – es bietet ErzieherInnen, LehrerInnen und Eltern einen ganzen Strauß von Anregungen, Kindern ein Erlebnis des Kosmos zu vermitteln. Spielerische Erfahrung steht dabei im Mittelpunkt; astronomisches Grundwissen wird en passant erworben, ist aber nicht das erste Ziel der Aktivitäten: Bei der Beobachtung des Sonnenlaufs, der Untersuchung von „Mondstaub", beim Besuch von fernen Planeten, bei einer Nacht unter den Sternen, dem Bau einer Sternschnuppenschleuder, beim Astronautentraining oder – wieder zurück auf der guten alten Erde – beim Wolkenzeichnen machen sich die Kinder vertraut mit den Phänomenen des Himmels und finden in der Weite des Alls „Heimat" auf unserem Planeten. Eine Begleit-CD unterstützt bei der Umsetzung der musischen und rhythmischen Anregungen im Buch.

ErzieherInnen, LehrerInnen und Eltern brauchen keine astronomischen Vorkenntnisse zur Durchführung – sie entdecken die Himmelsphänomene gemeinsam mit den Kindern. Notwendige Erläuterungen dazu gibt das Buch, weitere finden sich in vertiefender Literatur, die leicht und zahlreich erhältlich ist.

Lassen Sie sich ein auf das Abenteuer Kosmos – auf All-umfassende Begegnungen. Eulalia, die Mondmaus, wartet schon ganz ungeduldig. Sie möchte Sie und Ihre Kinder mitnehmen auf Entdeckungsreise in stern-leuchtende Weiten!

Der Himmel über uns

Dass wir Menschen auf zwei Beinen gehen und nicht auf vier, haben die Götter so eingerichtet, damit wir den Himmel beobachten können. So glaubten es die alten Griechen. Tatsächlich hebt die Beobachtung der Himmelsphänomene uns aus dem Alltag, konfrontiert uns mit der offenen Weite des Raums, mit Unendlichkeit, mit Fragen nach dem „Woher", dem „Wohin" und dem „Warum". So finden die Alltagsdinge, die uns so viel beschäftigen, den rechten Maßstab wieder.

Für den ganz eigenen Zauber, der den Himmel umgibt, gibt es viele Gründe. In diesem nach oben offenen Raum ziehen Wolken und Winde ins blaue Irgendwo, in der Höhe wohnen Engel und Götter, nachts leuchten tausend funkelnde Punkte auf schwarzem Samt. Sonne und Mond geben mit ihren Bahnen den Rhythmus zum Leben. Belebender Regen, wärmendes Licht, aber auch Sturm, Hagel, Blitz und Donner kommen von oben. Seitdem wir von den Vögeln das Fliegen gelernt haben, wissen wir auch selbst, wie gut das tut: abheben.

An keinem Tag ist der Himmel so wie am anderen – und von unseren Reisen wissen wir: An keinem Ort ist der Himmel so wie an einem anderen. So vielfältig wie die Natur auf der Erde sind auch die Phänomene am Himmel.

Grund dafür ist zum einen das Wetter – das stetig wechselnde Schauspiel von blauem Raum, Sonne, Dunst und Wolken. Zum anderen sind es die Himmelslichter am Tag und in der Nacht, die zu jeder Zeit an jedem Ort ein anderes Bild an den Himmel malen.

Auch wenn bei „Himmelskunde" viele zuerst an den sternenübersäten Nachthimmel denken, so gibt es auch am Tag allerhand zu entdecken.

Kinder werden tagsüber im Kindergarten betreut, deswegen legt dieses Buch besonderen Wert auf die Phänomene am Tageshimmel – Sonne, Wetter und Mond.

Der Blick in die schwarzen Tiefen des Raums, mit Tausenden von Sternen besät, weckt dagegen jene Dimension in uns, die an das Unendliche rührt und um das weiß, was größer ist als unser täglicher Kleinkram. Eine intensive Erfahrung des Sternenhimmels ist so wichtig für die Persönlichkeitsbildung, dass sie Kindern unbedingt ermöglicht werden sollte – wenn schon nicht im Alltag des Kindergartens, dann wenigstens im Rahmen besonderer Anlässe. Auch dazu finden sich viele Ideen in diesem Buch.

Werden Sonne, Mond und Sterne nicht nur in einzelnen Teilen, sondern über eine ganze Zeit lang kontinuierlich behandelt, dann eignet sich die Verbindung der verschiedenen Einheiten mit EULALIA, der Mondmaus:

EULALIA, die Mondmaus

Eulalia ist eine Maus-Handpuppe, die durch das jeweils beschriebene Zubehör zur Weltraummaus umgestaltet wird. Eine Maus-Handpuppe gehört ohnehin zur Standardeinrichtung vieler Einrichtungen, sie kann hierfür verwendet werden (wenn sie für die Kinder nicht schon eine andere Identität hat).

Für Eulalia können die Kinder ein Raumschiff bauen, sie ins Weltall schicken und über Funk begleiten, ihren Flug miterleben, sie nach geglückter Landung wieder auf der Erde begrüßen. Zu jedem Thema des Buches können die Kinder ein Abenteuer mit der Mondmaus erleben.

So oder ähnlich kann Eulalia den Kindern vorgestellt werden:
„Hallo Kinder, kennt ihr schon die Mondmaus? Sie heißt Eulalia, und man erzählt sich, sie käme irgendwo aus dem Weltall. So genau weiß sie das selber nicht.
Jedenfalls wird sie immer ganz aufgeregt, wenn sie den Mond am Himmel, oder wenn sie Bilder von Weltraumfahrern und Raumsonden im Fernseher sieht. Planeten, Sterne oder Sternschnuppen interessieren sie so sehr, dass sie am Abend oft noch stundenlang durch die Nacht zieht und nicht einschlafen kann.
Tagsüber schläft sie dafür umso mehr und erlebt im Traum viele interessante Abenteuer im Weltraum. Für Eulalia sind das keine gewöhnlichen Träume: Oft bringt sie etwas mit aus dem Weltraum! Glauben wir ihr oder hat sie sich das alles nur ausgedacht?"

Ein Weltall voller Wunder

Text: M. Maser
Musik: G. Geisinger

Refrain
Blick zum Sternenhimmel auf,
schaue hoch ins Himmelszelt,
in ein Weltall voller Wunder.
Schaut so schön ist unsre Welt.
Schau, so klein ist unsre Erde
und so groß der Weltenraum
‖: und ein jeder Stern am Himmel
steht für einen schönen Traum. :‖

1. In der Weite der Galaxis,
wo für alle Sterne Platz ist,
gibt's so vieles zu entdecken,
ist so vieles unbekannt.
Jeder Stern birgt ein Geheimnis,
niemand weiß, ob er allein ist
oder hat er auch Planeten
mit Luft und Land und Meer.

Blick zum Sternenhimmel auf
schaue hoch ins Himmelszelt…

2. Es gibt Millionen Sterne
in unendlich weiter Ferne,
doch wir kennen nur die eine,
unsre eigne kleine Welt.
So lasst uns für die Erde sorgen,
denkt auch an die Welt von morgen.
Auch die Erde ist ein Wunder
unterm weiten Himmelszelt.

Die Sonne

Das wichtigste Gestirn am Himmel ist die Sonne, sie gibt uns Licht, Wärme, Leben. Ihre tägliche Bahn am Himmel bestimmt unseren Tagesrhythmus, die jahreszeitlich jeweils unterschiedliche Bahn lässt Frühling, Sommer, Herbst und Winter aufeinander folgen. Eine gelbleuchtende, strahlende Sonne fehlt in keiner Kinderzeichnung! Oft ist an ihr die Stimmung des ganzen Bildes zu erkennen.

Die Sonne ist der Mittelpunkt unseres Planetensystems, zu dem neben der Erde auch die anderen Planeten mit all ihren Monden, einige Tausend Asteroiden (große Felsbrocken) sowie eine unbekannte Anzahl von Kometen gehört. All diese Himmelskörper laufen in verschiedenen Abständen um die Sonne.

Beeindruckend an der Sonne ist ihre Wärme und Helligkeit. Besonders in südlichen Ländern und bei uns im Hochsommer erfahren wir die Kraft der Sonne. Ihre Strahlung ist dann kaum auszuhalten, wir suchen Schutz in abgedunkelten Wohnungen, im Schatten, und tragen Sonnencreme auf, damit uns die Haut nicht verbrennt.

Vor allem anderen ist die Sonne das unermüdliche Kraftwerk für sämtliches Leben auf der Erde. Ohne Sonne wäre die Erde ein wahrhaftig eiskalter Klumpen von ca. 270 Grad Celsius minus! Alles Wasser wäre felshart gefroren, selbst die Luft flüssig vor Kälte. Der Mond wäre stockfinster und könnte die ewige Nacht nicht aufhellen, lediglich das Licht der fernen Sterne erzeugte einen fahlen Schimmer auf der Erde. An Leben ist unter diesen Bedingungen nicht zu denken, die Erde wäre auf ewig eine eisige, öde, finstere Wüste ohne jede Veränderung. Solche ungastlichen Orte gibt es vermutlich recht viele im Weltall, schon der äußerste Planet unseres eigenen Systems, der Pluto, weist ob seiner großen Entfernung zur Sonne solche lebensfeindlichen Bedingungen auf.

Viele Kinder denken, dass die Sonne sich „eine Wolke vors Gesicht zieht", wenn es Nacht wird. Für sie steht die Sonne hoch oben fix am Himmel. Die gemeinsame Beobachtung der tages- und jahreszeitlichen Bewegungen der Sonne hält daher manche Überraschung bereit.

„Wanted": Steckbrief für die Sonne

Was die Kinder bereits über die Sonne wissen, erlebt oder gehört haben, wird Teil eines gemeinsam angefertigten Steckbriefes.

Material: ein großer Bogen weißes oder farbiges Tonpapier (am besten DIN A2 oder größer, eventuell mehrere Bögen mit Kreppklebeband aneinander kleben), Malkreiden, Kleber und Scheren, Fotos von der Sonne (z. B. aus Prospekten)
Alter: ab 5 Jahren (mit Variante ab 7 Jahren)

Die Spielleitung führt die Kinder in das Thema ein: *„Stellt euch vor, es kämen fremde Bewohner aus dem All, die etwas über die Sonne wissen wollen, und ihr dürft ihnen Auskunft geben."*
Zunächst stehen Erfahrungen und Erlebnisse mit der Sonne im Vordergrund:
Was habt ihr selbst mit der Sonne erlebt?
Wer kann mir berichten, wann er die Sonne einmal besonders gespürt hat?
Habt ihr die Sonne auch schon einmal vermisst?
Wo ist sie eigentlich, wenn wir sie nicht sehen?
Wie sieht es wohl auf der Sonne aus, wenn sie uns immer so heiß macht?
Was glaubt ihr wohl, wie weit die Sonne von der Erde entfernt ist?
Könnten wir oder könnten unsere Besucher aus dem All mal so eben dahin fliegen?
Waren Menschen schon auf der Sonne?"
Die Spielleitung unterstützt die Kinder durch gezielte Fragen über Aufgabe, Konsistenz, Größe, Entfernung oder andere „Daten" über die Sonne.
Die Kinder malen in die Mitte des Plakates eine große Sonne – das „Porträt" der Gesuchten.

Sie ergänzen nun das Bild mit ihren gesammelten „Daten" und Erfahrungen, drum herum kommen weitere Hinweise, um unseren Besuchern aus dem All die Sonne zu beschreiben. Die Fotos ausschneiden und dazukleben.

Variante ab 7 Jahren: Nach einem ausführlichen Sachgespräch fertigen Kinder im Grundschulalter ab Ende der ersten Klasse je einen eigenen Steckbrief an, mit Bildern und schriftlichen Hinweisen.

Eulalia, der Sonnenmuffel

Eulalia trägt einen Sonnenhut oder eine Schildmütze sowie eine Sonnenbrille.
Heute lag Eulalia schon den ganzen Tag am Baggersee. Nicht braun gebrannt, wie sie es sich erhofft hatte, nein, überhitzt und triefend vor Schweiß wacht Eulalia aus ihrem Mittagsschläfchen auf und ist völlig erschöpft. Was hatte sie denn bloß geträumt? Mensch Maus, wo war sie denn nur gewesen? So viel sie auch überlegt, sie kann sich partout nicht mehr erinnern. Diese blöde Sonne! Hat Eulalia womöglich einen kleinen Sonnenstich?

Das macht die Sonne
Ein musikalischer Dialog mit Eulalia

🔘 16
Text: B. Laux
Musik: G. Geisinger

Eulalia: (gesprochen)
Kinder, ich hab's so langsam satt,
ich schwitze schon den ganzen Tag,
mein Mäusefell ist plitschenass.
Das macht doch keinen Spaß.
Ich sage euch: ich schaffe die Sonne ab!

Kinder: (singen im Chor)
Eulalia, Eulalia, hör doch zu,
die Sonne brauchen wir,
die brauchst auch du!
Wachsen, lachen, leben
können wir nicht ohne sie.
Das macht die Sonne ganz allein,
ich möchte niemals ohne Sonne sein.

Eulalia: (gesprochen)
Ich hab's so satt,
die Sonne macht mich matt!!

Einzelne Kinder: (gesungen oder gesprochen)
Mich macht die Sonne froh, ohne sie da wärst
du nicht, da lebt nicht mal ein Floh. Was keiner
sonst vermag, schenkt Licht uns Tag für Tag.
Aus dunkler Nacht wird heller Tag.

Kinder: (singen im Chor)
Das macht die Sonne ganz allein,
ich möchte niemals ohne Sonne sein.
Wachsen, lachen, leben
können wir nicht ohne sie.
Das macht die Sonne ganz allein,
ich möchte niemals ohne Sonne sein.

Einzelne Kinder: (gesungen oder gesprochen)
Die Erde macht sie warm, die Farben bunt,
den Kürbis kugelrund.
Blumen wachsen auch nicht ohne sie,
den blauen Himmel säh'n wir nie.

Das macht die Sonne ganz allein...

Sonnenmasken aus Pappe

Material: festes Tonpapier (Fotokarton), Fingerfarben, Gold- und Silberfolie, Klebstoff, Scheren, Hutgummi, Plakafarben, Pinsel, Glitzersteinchen
Alter: ab 3 Jahren (mit Variante ab 5 Jahren)

Die Kinder malen mit Fingerfarben auf das Tonpapier Sonnengesichter in der Größe ihrer eigenen Gesichter und kleben Sonnenstrahlen aus Gold- oder Silberfolie rund herum.
Die Sonne ausschneiden, seitlich je ein Loch bohren und das Hutgummi daran befestigen. Die Maske aufsetzen lassen und in Augenhöhe des Kindes zwei Punkte markieren. Die Augen als Sehschlitze ausschneiden.

Variante ab 5 Jahren: Ältere Kinder gestalten ihr Sonnengesicht mit Plakafarben und kleben zusätzlich Glitzersteinchen auf.

Sonnenmasken aus Gips

Material: Gipsbinden, Schere, Schüssel, Wasser, Zeitungspapier, Malkittel, Vaseline, Plakafarben und Pinsel, Klarlack, Klebstoff, Perlen, Glitzersteinchen, bunte Federn, Nadel, Hutgummi
Alter: ab 7 Jahren

Gipsbinden in verschieden große Streifen schneiden, Wasserschüssel bereitstellen und Zeitungen unterlegen. Es arbeiten immer zwei Kinder zusammen, beide ziehen Kittel an. Ein Kind bindet die Haare hoch und legt sich auf den Rücken. Das andere Kind cremt ihm das Gesicht mit Vaseline ein, dabei Augenbrauen und Wimpern besonders gut eincremen!

Anschließend die Gipsstreifen kurz in Wasser eintauchen, an der Stirn beginnend auf das Gesicht auflegen und glatt streichen, bis das ganze Gesicht bedeckt ist. Nach kurzer Trockenzeit die Maske durch Grimassenschneiden vorsichtig vom Gesicht lösen. Nun tauschen die Kinder die Rollen.
Vorsicht: Nasenlöcher und bei ängstlichen Kindern auch die Augen und den Mund aussparen und immer genügend Abstand zum Haaransatz lassen.

Aus den fertigen Masken gestalten die Kinder am nächsten Tag Sonnengesichter: Die Masken – falls gewünscht – mit weiteren Gipsbinden ausgestalten (z. B. dickere Wangen, Nasen oder Sonnenstrahlen formen) und trocknen lassen. Mit Plakafarben bemalen und mit dem Klarlack lackieren. Nach dem Trocknen Perlen, Glitzersteinchen und Federn aufkleben. Zum Abschluss mit der Nadel vorsichtig Löcher in die seitlichen Ränder der Maske bohren und den Hutgummi daran anbringen.
Solche Masken eignen sich gut für ein Sonnenfest oder Sonnentheater!

Sonnenpuzzle

Material: 1 Bogen gelber Fotokarton DIN A2, Schere, Buntstifte
Alter: ab 4 Jahren (mit Variante)

Eine riesige Sonne aus gelbem Tonpapier wird in so viele Teile auseinander geschnitten, wie SpielerInnen teilnehmen. Jedes Kind erhält ein Puzzleteil und malt seine Vorstellungen von der Sonne oder auch ein persönliches „Sonnenerlebnis" darauf, erzählt diese den MitspielerInnen und fügt mit den anderen auf diese Weise das Sonnenpuzzle zusammen.

Variante: Jedes Kind illustriert alle Teile eines eigenen Puzzles.

Sonnenmandala

Material: großes Fenster oder Glastüre im Sonnenschein, Transparentpapier in Sonnenfarben: Gelb-, Orange- und Rottöne, Kleister, Pinsel ab ca. Stärke 7, Zeitungspapier
Alter: ab 3 Jahren

Transparentpapier, nach Farben geordnet, in kleinere Stücke reißen. Fenster reinigen. Kleister und Pinsel bereitstellen. Zeitungspapier auf dem Sims und dem Boden unterlegen. Transparentpapier-Stückchen mit Kleister bepinseln und auf die Fensterscheibe kleben, dabei in der Mitte beginnen: Farbe für Farbe kreisförmig nach außen kleben, so dass die Sonne nach außen immer heller wird und helle Strahlen aus ihrer Mitte heraus in den Raum lodern...

Sonnenprojektion

Die Sonne darf nicht direkt mit ungeschütztem Auge beobachtet werden, besonders nicht durch Ferngläser oder Teleskope, da durch sie die Kraft des Sonnenlichts noch verstärkt wird – sofortige Erblindung, zumindest bleibende Netzhautschäden wären die Folge.
Besser als störanfällige Filter für das Fernglas eignet sich zur Sonnenbetrachtung die Projektionsmethode, mit der ein vergrößertes Bild der Sonne auf weiße Pappe geworfen wird.
Wird das Bild der Sonne scharf eingestellt, erscheinen Flecken auf der Sonnenoberfläche, typischerweise treten sie in kleinen Gruppen auf, haben ein dunkles Zentrum und einen klar davon abgesetzten Hof, der sich wiederum deutlich von der leuchtenden Sonnenscheibe abgrenzt. Was zunächst wie Verunreinigungen der Optik wirken mag, gehört wirklich zur Son-

ne – kurzes Bewegen des Gerätes bringt den Beweis: Während die (fast immer vorhandenen) Flecken der Linsen stabil zum Bildrand bleiben, bewegen sich die Sonnenflecken zusammen mit dem Bild der Sonne.

Sonnenflecken sind etwas „kühlere" Gebiete auf der Sonnenoberfläche – sie haben „nur" 4000 bis 5000 Grad Celsius gegenüber den sonst herrschenden 6000 Grad Celsius. Ihre Entstehung ist noch nicht restlos erforscht, aber sie sind Zeichen von einer Art magnetischer Wirbelstürme auf der Sonne.

Die Projektionsmethode sollte vor ihrem Einsatz kurz geübt werden – auch das Nachführen des Geräts am Stativ (die Sonne „läuft" ja auch während der Beobachtung weiter ihre tägliche Bahn am Himmel) verlangt ein wenig Geschicklichkeit.

So ungefährlich die Projektionsmethode für die Beobachter ist, so belastend ist sie für das Fernglas: Das in der Optik verstärkte Sonnenlicht kann in ihrem Inneren beachtliche Hitzegrade erzeugen. Um Schäden zu vermeiden, muss das Glas alle fünf bis acht Minuten in den Schatten und für fünf Minuten abkühlen.

Material: Fernglas, wenn vorhanden Fotostativ, dunkles Tuch oder Pappkarton, weiße Pappe DIN A4 oder A3
Alter: ab 6 Jahren

Das Fernglas auf dem Stativ oder mit der Hand genau in die Sonne ausrichten (mithilfe seines Schattens, niemals hindurchschauen!). Hinter dem Fernglas erscheint dann das Projektionsbild der Sonne auf dem Papier (vielleicht noch ein wenig hin und her justieren, bis das Bild ganz erscheint). Jetzt nur noch scharf stellen – und alle in der Gruppe können die vergrößerte Sonne sehen!

Helfer halten ein dunkles Tuch oder einen Pappkarton um das Fernglas, um Schatten auf den Projektionskarton um die Sonne herum zu werfen – so wird das Sonnenbild noch kontrastreicher.

Vor der hellen Sonnenscheibe ziehen gelegentlich auch Wolken vorbei, was sich auf dem Projektionsbild schön zeigt. Mit viel Glück huscht sogar einmal der Schatten eines Flugzeugs über die Sonne...

Hinweis: Im Planetenkapitel finden sich die Sagen der Planetengötter (S. 86), darunter auch die von Phaeton, der anstelle seines Vaters versuchte, den Sonnenwagen über den Himmel zu lenken.

Kraftwerk Sonne

Was die Sonne täglich für die Erde leistet, ist beachtlich. Man stelle sich vor, wie viele Lampen installiert sein müssten, um allein Deutschland so hell zu beleuchten wie ein Sonnentag – oder wie viel Heizleistung gebraucht würde, um ganz Deutschland auf die Temperatur eines warmen Sommertags zu bringen. Sämtliche Energieträger auf der Erde reichen nicht aus, die Leistung der Sonne auch nur eine einzige Woche lang zu ersetzen. Woher nimmt die Sonne eigentlich diese Energie?

Wäre sie ein gigantischer Ball aus glühender Kohle, so hätte sie sich inzwischen längst verbraucht, bei der gigantischen Leistung, die sie Sekunde für Sekunde abgibt. Ihre Energiequelle muss also eine andere sein, und bis zum Beginn des 20. Jahrhunderts konnten die Astronomen nur darüber rätseln.

Nicht die Erforschung des Großen in der Welt, die Astronomie, sondern die Erforschung der kleinsten Teilchen, die Atomphysik, bringt eine Erklärung dafür. Heute weiß man: Die Sonne ist

wie jeder andere Stern ein gigantischer Kernfusionsreaktor. In ihrem tiefen Inneren werden bei 15 Millionen Grad Celsius die Kerne von Wasserstoffatomen zu Kernen von Heliumatomen verschmolzen. Bei dieser Verschmelzung gehen die Elementarteilchen in einen stabileren, weniger dynamischen Zustand über und geben deswegen überschüssig gewordene Energie ab. Das ist die Energiequelle der Sonne.

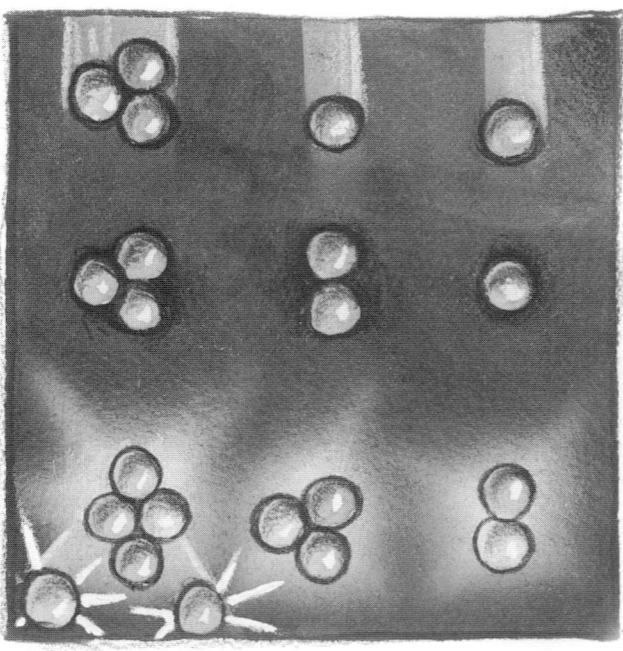

Die Energie der Sonne wird von den grünen Pflanzen auf der Erde in Lebensenergie verwandelt. Zu den grünen Zauberkünstlern gehören nicht nur Bäume, Kräuter, Gräser, Moose und Flechten, sondern auch Algen und andere Wasserpflanzen sowie Bakterien mit Blattgrün („Chlorophyll"). Jenes Blattgrün ist eine der großartigsten Erfindungen der Natur – es vermag mit Sonnenlicht und Kohlendioxid (CO_2) Zuckerstoffe aufzubauen, in denen die Sonnenenergie gespeichert wird („Photosynthese"). Die Zuckermoleküle bilden Pflanzen-

baustoffe (Cellulose) für Blätter, Stängel, Holz usw., aber auch Nährstoffe (z. B. Traubenzucker, Fruchtzucker und Saccharose, den bekannten Zucker aus Rüben, Zuckerrohr und Ahornsirup sowie Stärke). Aus den Pflanzenbaustoffen ist unter Luftabschluss in vielen Millionen Jahren sogar das geworden, was wir in Motoren, Heizungen und Kraftwerken zur Energiegewinnung verbrennen: Kohle, Erdöl und Erdgas. Selbst unsere Zentralheizung und die Düsenjets funktionieren also mit Sonnenenergie – die Jahrmillionen im Inneren der Erde aufbewahrt worden ist.

Warmes Wasser von der Sonne

An einem sonnigen Sommertag reicht die Sonnenkraft aus, um Wasser in dunklen Plastikflaschen zu erhitzen.

Material: 10 – 20 leere, saubere dunkle Plastikflaschen, am besten schwarz, etwa von Shampoo oder Duschgel
Alter: ab 3 Jahren

Die Flaschen mit kaltem Leitungswasser füllen und für zwei Stunden der prallen Sommersonne aussetzen (im Sommer zwischen 10 und 16 Uhr). Eine der Flaschen verbleibt im Haus, im Schatten.
Nach den zwei Stunden die Temperatur des Wassers vorsichtig testen (zuerst von einer Leiterin, denn das Wasser kann 70 Grad heiß werden!) – und dann dürfen sich alle damit die Hände waschen, nass spritzen...
Zum Vergleich frisches Leitungswasser und das Wasser aus der im Haus verbliebenen Flasche auf die Hände geben.

Die Kraft der Sonnenstrahlen

Material: farbiges Papier, Gegenstände wie Locher, Tacker, Schere, Stift
Alter: ab 3 Jahren (mit Varianten)

Farbige Papiere, z. B. Tonpapiere, für ein paar Stunden in die pralle Sonne legen (Mai bis September, zwischen 10:30 und 16 Uhr) und verschiedene Gegenstände auf dem Papier verteilen.
Die Kinder nehmen nach einiger Zeit die Gegenstände weg und stellen fest: Dort, wo die Gegenstände lagen, bleibt die ursprüngliche Farbe erhalten, rundherum ist die Farbe verblichen.

Varianten: Gegenstände können auf dem Farbpapier so arrangiert werden, dass ihr Schatten ein Bild ergibt. Möglich wäre auch, Muster und Figuren aus Karton auszuschneiden und sie mit Stecknadeln auf dem Farbpapier zu fixieren, während es in der Sonne bleicht.
Auch Lyoner Wurst oder gekochter Schinken ändern ihr Aussehen unter der Sonnenstrahlung: Für jedes Kind eine Scheibe Lyoner auf ein sauberes Tablett legen. Jedes Kind deckt mit einem eigenen kleinen sauberen Gegenstand oder einem ausgeschnittenen Pappmuster für den Schatten die Wurst ab – dann eine halbe Stunde (höchstens!) der prallen Sonne aussetzen. Anschließend hat jedes Kind sein eigenes Motiv auf der Wurst.

Spiel mit dem Sonnenfeuer

Material: Lupe, Abfallpapier, Pappe oder Stücke von Kistenholz, Eimer mit Wasser
Alter: ab 5 Jahren (mit Variante)

An einem windstillen, sonnigen Tag das Papier auf einen unbrennbaren, aber sonnigen Untergrund legen (Sand, Asphalt, Beton), einen Wassereimer zum Löschen bereitstellen und den Kindern die Sicherheitsvorkehrungen erklären: Feuer NUR im Freien, bei Windstille, auf nicht brennbarem Untergrund machen. Immer Löschwasser bereitstellen.
Mit einer Lupe das Sonnenlicht einfangen und auf dem Papier fokussieren: Der Abstand zum Papier wird so eingehalten, dass der helle Punkt konzentrierten Sonnenlichts möglichst klein ist und auf eine Stelle des Papiers gerichtet bleibt. Bald fängt es dort zu rauchen an, nicht viel später züngeln die ersten kleinen Flammen. Wenn das Papier brennt, im Wassereimer ablöschen. Dann darf ein anderes Kind

die Lupe zur Hand nehmen und an einem neuen Papier zündeln.

Variante: Statt die Sonne auf das Papier zu fokussieren und Feuer zu machen, kann jedes Kind die Sonne auch auf der eigenen Haut fokussieren – es merkt dann eindrücklich, wie stark die Sonnenenergie ist. Jedes Kind nimmt die Lupe dafür SELBST in die Hand, damit es schnell abbrechen kann, wenn der Leuchtpunkt heiß wird. So ist jede Verbrennungsgefahr ausgeschlossen.

Hinweis: Ob und wie die Kinder den Umgang mit Feuer kennen lernen, ist die Entscheidung der Erwachsenen. Niemals dürfen Kinder ohne Aufsicht mit Feuer hantieren. Feuer ist faszinierend für Kinder, aber gefährlich. Da sie ohnehin heimlich mit Feuer spielen, ist es sinnvoll, ihnen den richtigen Umgang damit zu erklären (ohne unbeaufsichtigtes Spielen mit Feuer deswegen zu erlauben!).

Sonnenlicht spiegeln

Ein uraltes Kinderspiel: gespiegeltes Sonnenlicht umherwandern lassen.

Material: für jedes Kind ein Handspiegel oder eine Spiegelkachel (aus dem Baumarkt), Eiswürfel, zweimal ein dunkler unbrennbarer Untergrund (z. B. dunkles Blech, Pfanne, Topf)
Alter: ab 5 Jahren

● Die Gruppe steht im Drittel- oder Halbkreis zur Sonne hin geöffnet. Jedes Kind bekommt einen Spiegel und darf die hellen Sonnenflecken hinspiegeln, wo es mag. Verboten ist, Menschen zu blenden, insbesondere Verkehrsteilnehmer. Bei dem Durcheinander der Flecken kann es leicht passieren, dass man seinen eigenen nicht mehr wieder findet – hierfür gibt es einen Trick: Mit dem eigenen Spiegel den Fleck auf den Boden vor die Füße richten, von da an wieder aufwärts ins Getümmel und den Fleck ständig im Auge behalten.

● Nach ein wenig Experimentieren und viel Spaß die Kinder auf besondere Plätze hinweisen, auf die sie den Sonnenfleck richten können: die roten Reflektoren von Rücklichtern an parkenden (!) Autos oder Fahrrädern, die hell leuchtenden Nummernschilder, grell reflektierende Verkehrszeichen, Reflektoren an Kilometerpfosten, Reflexstreifen an Regenkleidern und Ranzen.

● Dann beginnt die eigentliche Aktivität: Die Gruppe teilt sich, jede Hälfte stellt sich in einer Linie oder in einem Drittelkreis genau gegenüber der Sonne auf. Etwa fünf Meter vor jeder Gruppe steht ein nicht brennbarer Untergrund, z. B. eine umgedrehte Pfanne oder ein umgedrehter Topf. Darauf legt die Spielleitung vier Eiswürfel zu einem möglichst quadratischen Block zusammen. Jetzt gilt es, mit den gespiegelten Lichtflecken das Eis zu schmelzen, so schnell es geht. Die Gruppe, die ihre Flecken am besten auf das Eis konzentrieren kann, gewinnt und darf für die unweigerlich folgende Revanche weitere Eiswürfel aus dem Kühlfach holen.

Ohne Sonne kein Leben

Pflanzen brauchen außer Wasser, Luft und Erde vor allem Sonnenlicht zum Gedeihen. Alle grünen Pflanzen wandeln mit Hilfe des Sonnenlichts „verbrauchte Luft" in „gute Luft" um und lagern dabei „Energie", z.B. Zucker, in ihre Zellen ein. Wird ihnen über mehrere Tage das Sonnenlicht verwehrt, verändern die Blätter ihre grüne Farbe und sterben ab.

Material: 2 gleiche Pflanzenableger im Topf, Alufolie und Klebestreifen zum Abdecken, Wasser zum Gießen, ein sonniges Plätzchen am Fenster
Alter: ab 3 Jahren (mit Varianten)

Bei einem der beiden Ableger mit Alufolie und Klebestreifen die Blätter rundherum gegen Licht abdichten. Luft kommt durch kleine Ritzen in der Abdichtung noch herein, Wasser bekommen beide Pflanzen. Tag für Tag die Folie abnehmen (und wieder anbringen), so dass die Veränderung über die Zeit sichtbar wird: Innerhalb weniger Tage gilben die im Dunkeln gehaltenen Blätter und sterben schließlich ab.

Varianten: Eine Pflanze kann auch mehrere Tage in einen völlig dunklen Raum gestellt werden – auch hier lässt sich Tag für Tag ihr Dahinkümmern beobachten. Ebenso ist es möglich, ein Stück Rasen mit Pappe abzudecken (mit Steinen beschweren). Obwohl Luft und Wasser weiterhin zu den Grashalmen kommen, werden sie über die Tage gelb – vor dem Absterben die Pappe unbedingt entfernen, sonst gibt es ein unschönes Loch im Rasen.

Sonnenstrahlspiel

Die Sonne erweckt Tiere und Pflanzen zum Leben. Besonders spürbar wird dies im Frühling oder nach einer kalten Nacht: Die Tiere erwachen aus ihrem (Winter-)Schlaf, Blumen und Bäume erblühen und die Menschen freuen sich, endlich mal wieder die Sonne zu sehen.

Material: feste Pappe in DIN A4-Format, Goldfolie, Klebestift, Kassettenrekorder, MC oder CD mit Frühlingsmusik (z. B. aus Vivaldi: Die vier Jahreszeiten), Theaterschminke, Spiegel
Alter: ab 5 Jahren (mit Variante ab 3 Jahren)

Aus der Pappe ein spitzes längliches Dreieck als Sonnenstrahl ausschneiden und mit Goldfolie bekleben.
Mit den Kindern über die Kraft der Sonne und über das Erwachen der Pflanzen und Tierwelt im Frühling sprechen. Alle Kinder entscheiden sich für eine typische Frühlingsblume oder ein Tier, das gerade aus dem Winterschlaf erwacht, und malen sich dieses Wesen mit Theaterschminke ins Gesicht. Ältere Kinder dürfen sich selbst oder gegenseitig schminken, kleinere lassen sich von älteren SpielerInnen oder von der Spielleitung anmalen. Ein Kind (oder die Spielleitung) wird als Sonne geschminkt. Die Sonne bekommt den goldenen Sonnenstrahl.

Alle Kinder, auch die Sonne, legen sich hin, sie spielen Winterschlaf. Wenn die Musik beginnt, wird es Morgen, die Sonne reckt sich, steht auf und nimmt ihren Strahl zur Hand. Die anderen schlafen so lange, bis die Sonne zu ihnen kommt und sie mit ihrem Strahl kitzelt, aus dem Schlaf erweckt. Schmetterlinge, Bienen und Vögel öffnen ihre Flügel und fliegen los; Frösche hüpfen; Raupen, Spinnen und Käfer krabbeln. Blumen recken ihre Blätter und beginnen zu wachsen... Ein lebendiges Treiben entsteht – bis die Sonne am Abend selber schlafen geht, d. h. sich auf den Boden legt und ihren Strahl weglegt: Alle schlafen wieder ein. Die Musik klingt aus.

Variante ab 3 Jahren: Tiere und Pflanzen vorgeben und Bewegungen vorher erarbeiten: Pro Spielrunde sind erst alle Kinder Schmetterlinge, dann Käfer, Sonnenblumen etc.

Sonnenkanon

🔘 13
Text: H. E. Höfele
Musik: G. Geisinger

Kennt ihr den Lauf der Son - ne von mor-gens bis zur A - bend-stund, wenn nicht, dann gebt nun Acht! Die Son - ne hat den gan - zen Tag ei - nen wei - ten Weg ge - macht. Im Os - ten geht die So - ne auf, im Sü - den ist der Mit - tags - lauf, im Wes - ten will sie un - ter-gehn, im Nor-den ist sie nie zu sehn.

Die Bewegung der Sonne im Himmel

Im Osten geht die Sonne auf,
Im Süden ist ihr Mittagslauf,
Im Westen will sie untergehen,
Im Norden ist sie nie zu sehen.

Dass die Sonne sich durch den Himmel bewegt, ist tatsächlich eine Entdeckung für die Kinder – in ihrem anfänglichen Weltbild steht sie fest am Himmel und nachts zieht sie sich z.B. eine Wolke vor das Gesicht, damit es dunkel wird. Für alle Kinder ist die Beobachtung des unterschiedlichen Sonnenstandes zu den Tageszeiten spannend – für die älteren ab 6 Jahren auch die Bewegung der Sonnenbahn durch die Jahreszeiten.

Natürlich bewegt sich nicht tatsächlich die Sonne über den Himmel, sondern die Erde dreht sich mit einer um 23,5 Grad geneigten Achse einmal pro Tag um sich selbst und einmal pro Jahr um die Sonne. Wie durch diese Drehungen und die Achsenneigung die einzelnen Phänomene der Sonnenbahn zustande kommen, ist ohne Modell nicht anschaulich zu vermitteln, auch nicht mit Schaubildern. Für Kinder sind diese Erklärungen ohnehin noch viel zu kompliziert – in ihrer Erfahrung ist die Erde flach und der Himmel mit seinen Gestirnen spannt sich weit darüber. Die kindliche Erfahrung entspricht weitgehend dem Weltbild der Antike und des Mittelalters, und für die Zwecke dieses Buches wollen wir dabei bleiben – die Beobachtungen und Experimente in Kindergarten und ersten Grundschuljahren kommen mit diesem Weltbild aus.

Die Tagesbahn der Sonne beginnt mit dem Sonnenaufgang im Osten. Bis zur Mittagsstunde steigt sie immer weiter auf, bis sie exakt im Süden ihren höchsten Tagesstand erreicht. Von nun an sinkt sie wieder ab in Richtung Südwesten, bis sie des Abends hinter dem Westhorizont verschwindet. Es dämmert, wird schließlich dunkel, die Sterne erscheinen. Die Sonne läuft – jetzt unsichtbar – unter dem Horizont nach Norden und sinkt dabei immer tiefer. Um Mitternacht erreicht sie den tiefsten Punkt ihrer Bahn exakt im Norden. Jetzt ist es tiefste Nacht. Bis zum Morgen steigt sie auf ihrer Bahn Richtung Osten wieder höher. Kommt sie dem Horizont schließlich nahe genug, beginnt es zu dämmern. Bald darauf lugt die Sonne selbst über den Rand des Horizonts, ein neuer Tag beginnt.

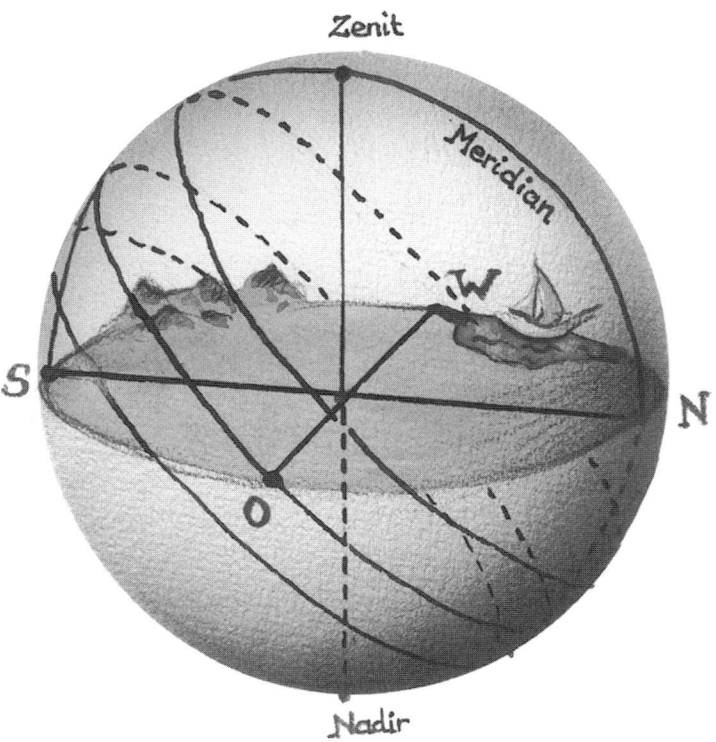

Wer den Sonnenlauf täglich beobachtet, wird eine möglicherweise bestürzende Entdeckung machen: Tag für Tag verschiebt sich die Bahn der Sonne! Zu **Frühlingsbeginn** am 21. März („Tag und Nachtgleiche") geht die Sonne exakt im Osten auf, erreicht eine mittlere Höhe im Süden und geht exakt im Westen unter. Tag und Nacht sind ungefähr gleich lang: 12 Stunden ist die Sonne über dem Horizont, 12 Stunden darunter.

Jeden Tag danach verschiebt sich der Aufgangspunkt der Sonne aber ein kleines Stückchen Richtung Nordosten. Mit einfachen Hilfsmitteln wie Markierungen am Fenster lässt sich das gut verfolgen. Außerdem geht die Sonne jeden Tag ein bisschen früher auf. Auch ihre Bahn über den Himmel verändert sich – ihr höchster Stand zu Mittag ist Tag für Tag höher. Ihr Untergang verspätet sich Abend für Abend ein bisschen mehr, der Punkt des Untergangs wandert nach Nordwesten! So wird jeder Tag ein wenig länger, jede Nacht ein wenig kürzer. Weil die Sonne länger scheint und höher am Himmel steht, kann sich das Land schön aufwärmen. Es wird von Monat zu Monat wärmer, der Frühling ist da.

Der Höhepunkt dieser Entwicklung ist der 21. Juni, **Sommeranfang** und „Sommersonnenwende". Am 21. Juni geht die Sonne sehr früh und ziemlich weit im Nordosten auf. Sie zieht eine weite, hohe Bahn über den Himmel und steht zur Mittagszeit sehr hoch, fast senkrecht am Himmel. Bis zum Abend dieses längsten Tages legt sie noch einen weiten Weg bis zum Nordwesten zurück, wo sie spät erst versinkt. Ihre „unterirdische" Bahn ist sehr kurz und führt sie nicht besonders tief unter den Horizont im Norden, so dass es bei uns in den Mittsommernächten gar nicht richtig dunkel wird. Weil die Sonne so lange scheint und so hoch am Himmel steht, wärmt sie den Boden jetzt sehr gut auf, der Sommer beginnt. In den kürzesten aller Nächte kühlt die Erde kaum aus.

Wenige Tage später aber, etwa ab Johanni (24.6.), lässt sich feststellen, dass die Bahn der Sonne gewendet hat: Von jetzt an geht sie jeden Tag etwas später auf, der Aufgangspunkt wandert von Nordosten zurück in Richtung Osten. Ihre größte Höhe zu Mittag sinkt Stück für Stück, und sie findet ihr Bett im Westen immer früher. Der Untergangspunkt verschiebt sich Abend für Abend in Richtung Westen.

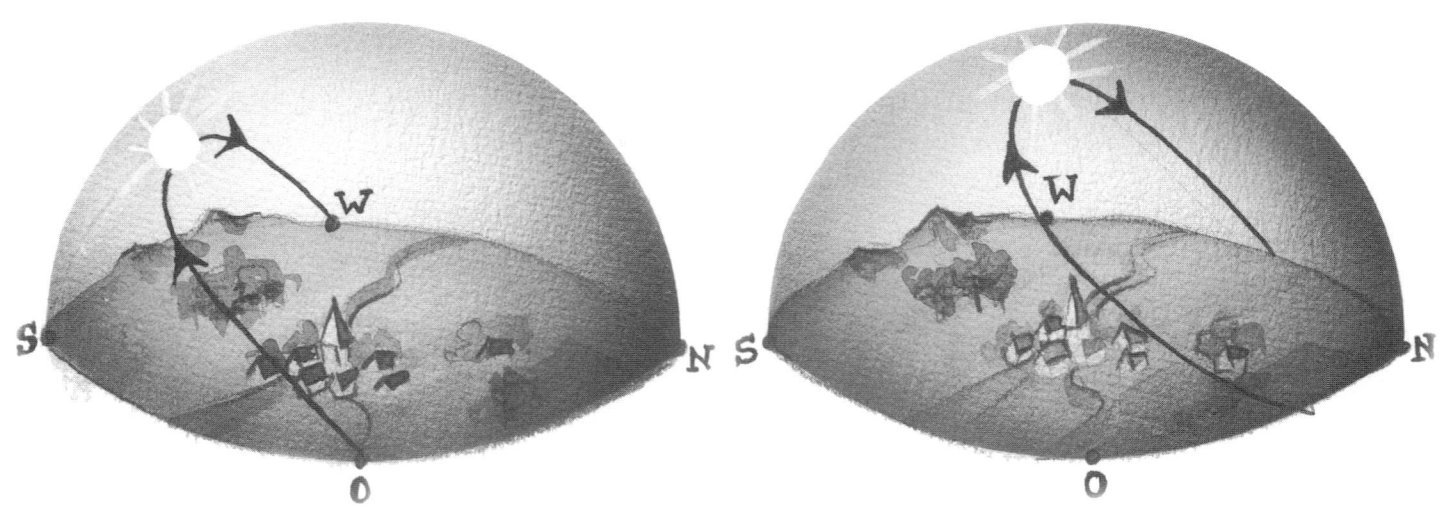

Drei Monate später, am 23. September (**Herbstanfang**, „Tag- und Nachtgleiche"), durchschreiten die Auf- und Untergangspunkte der Sonne genau den Ost- und Westpunkt. Die Mittagshöhe ist auf mittlere Höhe zurückgefallen, die Tageslänge ist immer kürzer geworden, jetzt sind es nur noch 12 Stunden. Die Nacht dagegen hat sich ihren Teil wiedergeholt, sie beträgt jetzt genauso 12 Stunden – aber ab jetzt wird sie die Oberhand gewinnen. Denn die Sonnenaufgänge verspäten sich von Tag zu Tag etwas mehr, der Aufgangspunkt wandert weiter Richtung Südosten. Die Sonnenbahn wird immer flacher, auch mittags wird die Sonne kaum noch Wärme geben. Immer früher am Abend verschwindet die Sonne im Westen, und auch der Untergangspunkt wandert weiter gegen Südwesten. Die Nacht – und die nächtliche Bahn der Sonne unter dem Horizont – nimmt zu und zu. Es wird kälter, der Herbst beginnt.

Am 21. Dezember („**Wintersonnenwende**") ist der Tiefpunkt erreicht. Die Sonne geht sehr spät im Südosten auf. Ganz flach zieht sie über den Himmel. Schon am späten Nachmittag dieses kürzesten Tages geht die Sonne wieder im Südwesten unter, kaum dass sie Licht und Wärme gegeben hätte. Dafür ist die Nacht jetzt tief und lang, die Sonnenbahn rutscht im Norden so tief unter den Horizont, wie sonst das ganze Jahr nicht wieder. Kaum Licht, kaum Wärme. Dafür lange kalte Nacht... der Winter hat begonnen.

Ab dem 24. Dezember kann man aber etwas bemerken: Die Bahn der Sonne wendet sich sichtbar. Ihr Aufgang rutscht etwas vom Südosten in Richtung Osten, ihre Mittagshöhe nimmt wieder zu und ihr Untergang bewegt sich von Südwest zurück nach West. Die Tage werden von nun an länger, die Nächte wieder kürzer. Was Wunder, dass wir am Abend des 24. Dezember mit Kerzenschein und leuchtenden Augen die Geburt des Lichtes feiern?

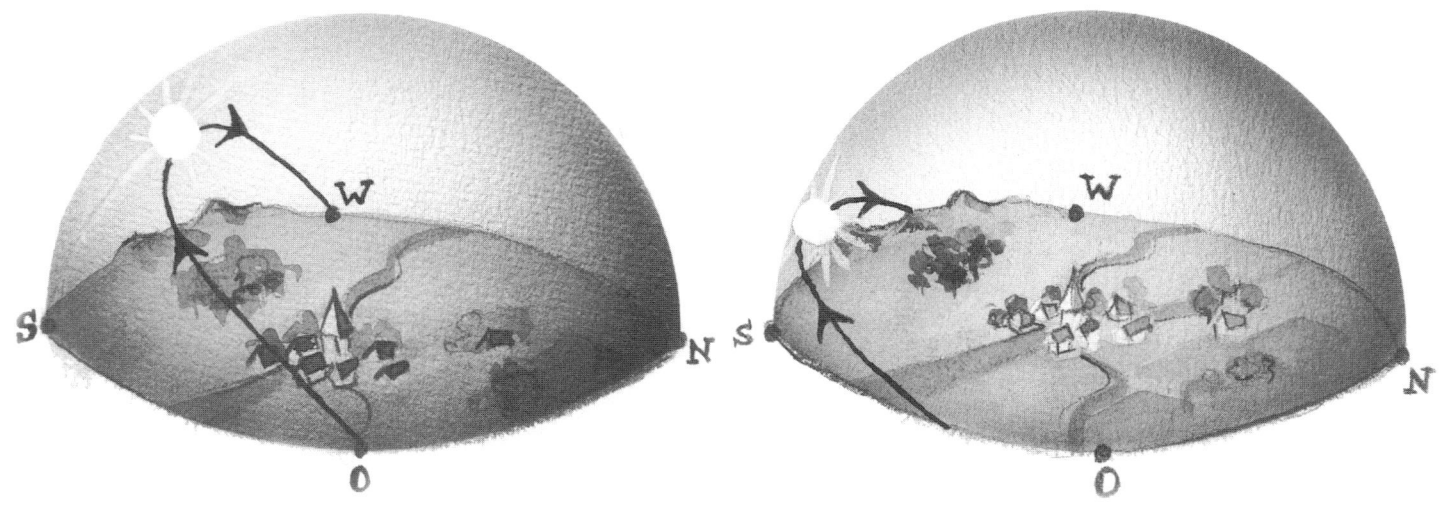

Kann die Sonne laufen?

Auf die Frage, ob die Sonne wohl laufen kann, antworten viele Kinder spontan mit „ja" und meinen das Wagenschein-Phänomen: Geht oder fährt man durch die Landschaft, scheint die Sonne immer mitzufahren. Aber ob die Sonne auch durch den Himmel läuft, wenn man selber still bleibt an einem Ort?

Material: kräftige gelbe Pappe, Schere, Stock von etwa 1 Meter Länge, Messer, ein oder mehrere große Fenster mit Ausblick nach Osten oder Süden, ein oder mehrere gut haftende Aufkleber, kleine farbige Klebepunkte, Uhr, Stift
Alter: ab 4 Jahren (mit Variante ab 6 Jahren)

Als Vorbereitung eine Visierhilfe, den Sonnenstab, herstellen: Aus einer kräftigen gelben Pappe eine runde Scheibe mit etwa 10 cm Durchmesser ausschneiden. In die Mitte der Scheibe ein kreisrundes Loch von ca. 1 cm stanzen oder schneiden. Diese Scheibe an dem oberen Ende des Stocks anbringen: Den Stock mit einem Messer tief einritzen und die Pappe in den Ritz kleben.
Den Gang der Sonne durch das oder die Fenster beobachten, für jedes Fenster einen geeigneten Standpunkt zum Visieren festlegen und mit einem Aufkleber markieren.

Die Spielleitung erklärt das Experiment: Mit Hilfe des Sonnenstabs wird der Ort der Sonne auf der Fensterscheibe markiert. Den Sonnenstab auf den Beobachtungsstandort stellen; die Kinder visieren durch das Loch in der Pappscheibe die Sonne an. Die Stelle, an der die Sonne durch die Fensterscheibe sichtbar ist, auf der Scheibe mit einem der bunten Klebepunkte markieren und mit der Uhrzeit kennzeichnen.

Eine halbe bis eine Stunde später das Experiment wiederholen – die Kinder entdecken, dass die Sonne tatsächlich weitergewandert ist – ein neuer Punkt auf dem Fenster muss markiert werden. Die Sonne läuft also auch, wenn wir am gleichen Ort bleiben.
Wieder eine halbe bis eine Stunde später ist die Sonne noch ein Stück weitergewandert.
Über mehrere Stunden hinweg entsteht eine Kette von Markierungspunkten auf der Fensterscheibe – wenn Ost- und Südfenster vorhanden sind, lässt sich der Weg der Sonne über mehrere Fenster verfolgen. Die Klebepunkte können mit Fingerfarben zu einer Bahn verbunden werden – die Tagesbahn der Sonne.
Älteren Kindern (ab 6 Jahren) in der Nachbereitung die Himmelsrichtungen erklären und sie den Vers lehren: „Im Osten geht die Sonne auf..." (s. S. 21).

Variante ab 6 Jahren: Besonders im zeitigen Frühling und im Spätsommer/Frühherbst ändert sich die tägliche Bahn der Sonne merklich. Wird das Experiment mit Klebepunkten einer einzigen Farbe durchgeführt, kann man eine Woche später eine andere Farbe verwenden. Das Visieren der Sonne um die gleiche Uhrzeit durchführen (z.B. immer zur vollen Stunde) – und es entsteht eine zweite Kette von Markierungen etwas oberhalb der ersten (im Frühling, wenn die Bahn der Sonne täglich höher steigt auf den Sommer zu) oder etwas unterhalb darunter (im Herbst, wenn die Sonnenbahn täglich flacher wird auf den Winter zu). Noch eine Woche später entsteht eine dritte Kette in einer dritten Farbe, wieder ein Stück verschoben.

Auch hier die Klebepunkte mit Fingerfarbe zu einer Bahn verbinden – dem Tagesbogen der Sonne.

Bleiben die Markierungen über Monate erhalten, lassen sich sogar die Tagesbögen verschiedener Jahreszeiten an die Fenster zaubern.

Bau einer tragbaren Sonnenuhr

Bei fast allen Kulturvölkern gab es Sonnenuhren, mit denen man die Tageszeit und manchmal sogar das Datum im Jahreslauf erstaunlich genau bestimmen konnte.

Material: Blumentopf mit Wasserloch, in das Wasserloch passender Stock von 50 cm Länge (z.B. Bambusstock für Pflanzen), gelbe Pappe, Stift, Kompass, Uhr
Alter: ab 5 Jahren

Die tragbare Sonnenuhr besteht aus einem Zeiger und dem Zifferblatt. Den Blumentopf umgekehrt auf die Pappe legen, den Umriss mit dem Stift umfahren und den Kreis als Zifferblatt ausschneiden.

An einem sonnigen Ort den Blumentopf umgekehrt auf die Erde stellen und durch das Wasserloch den Stock stecken – das ist der Zeiger. Das Zifferblatt in der Mitte durchlöchern, auf den Stock aufstecken und bis zum Blumentopf herunterschieben. Mit dem Kompass die Nordrichtung feststellen und auf dem Zifferblatt mit einem Pfeil exakt kennzeichnen. Jetzt zu jeder vollen Stunde einen Strich dort auf das Zifferblatt einzeichnen, wo der Schatten des Zeigers jeweils hinfällt, und mit der Uhrzeit beschriften (die Angabe der „Sommerzeit" oder „Winterzeit" nicht vergessen).

Wenn die Sonnenuhr fertig ist, fällt etwas auf – zwölf Stunden gehen nicht einmal ganz um das Blatt herum, wie bei jeder anderen Uhr, sondern nur um die Hälfte. Die Sonne braucht schließlich 24 Stunden, nicht nur 12, um einmal um den ganzen Himmel herumzukommen!

Von jetzt ab ist die Sonnenuhr überall einsetzbar – wenn wir einen Kompass haben. Dann brauchen wir sie nur in die Sonne zu stellen, den Pfeil nach Norden zu richten – und schon zeigt der Schatten des Zeigers die Uhrzeit an.

Himmelsrichtungen bestimmen

Mithilfe von Uhrzeit und Sonnenstand lassen sich die Himmelsrichtungen exakt bestimmen.

Material: Uhr mit Zeigern, drei Stöckchen
Alter: ab 6 Jahren

Ein Stöckchen so auf den Boden legen, dass es genau auf die Sonne zeigt. Die Uhr so daneben legen, dass der Stundenzeiger genau wie das Stöckchen auf die Sonne gerichtet ist. Ein zwei- tes Stöckchen so an das erste legen, dass es in die gleiche Richtung zeigt, in die die „12" auf der Uhr zeigt. Jetzt ein drittes Stöckchen genau in die Mitte zwischen dem ersten und zweiten legen – und dieses Stöckchen zeigt exakt nach Süden!

Jetzt drehen sich alle so, dass die Nasen nach Süden zeigen. Rechts von den SpielerInnen ist jetzt Westen, links ist Osten und in ihrem Rücken ist Norden.

Schattenfangen

Material: sonniger Platz zum Fangenspielen, Spielfeld-Begrenzung, Zaubertuch oder Zauberhut
Alter: ab 4 Jahren (mit Varianten)

Das Spielfeld mit Jacken, Steinen o. Ä. begrenzen. Ein Kind, mit einem Zauberhut oder Zaubertuch ausgerüstet, ist der „Schattenfänger". Die Kinder versuchen ihre Schatten vor diesem Zauberer zu retten, indem sie davonrennen. Ein Kind, dessen Schatten vom Schattenfänger mit dem Fuß getroffen wird, bleibt stehen, bis es von anderen Kindern durch Handabschlagen befreit wird. Der Schattenfänger hat gewonnen, wenn er alle Kinder unter seinen Bann gebracht hat. Das Kind, das zuletzt gefangen wurde, ist der nächste Schattenfänger.

Variante: Alle gefangenen Kinder werden selber zu Schattenfängern, wer übrig bleibt, ist der nächste Fänger.

Variante für Gruppen ab 10 SpielerInnen: Im Schatten von Bäumen, Gebäuden etc. sind die Kinder vor dem Schattenfänger sicher, ebenso im Schatten bereits gefangener Kinder – allerdings nur fünf Sekunden lang, sonst fallen sie selbst dem Schattenreich anheim. Wer zum Schutz in den Schatten tritt, muss laut bis fünf zählen und bei fünf den Schatten wieder verlassen haben.

Sonnentanz

Bei vielen Indianervölkern ist der Sonnentanz Höhepunkt des Jahres, so wie bei uns das Weihnachtsfest. Lange Vorbereitungen werden getroffen und nicht jeder darf am Sonnentanz teilnehmen.

Mit unserem Tanz möchten wir unsere Freude und Dankbarkeit für die Geschenke der Sonne ausdrücken. Auch unsere eigenen Vorfahren kannten einen Sonnengott (Baldur, Belenus) und Sonnenfeste: Johanni, aber auch Ostern, Pfingsten und Weihnachten sind mit dem Sonnenlauf verbunden.

Material: viel Platz, am besten draußen auf einer Wiese
Alter: ab 4 Jahren

Zur Einführung werden mit den Kindern die Eigenschaften der Sonne noch einmal zusammengetragen und gemeinsam Bewegungen dazu erfunden, zum Beispiel:
„Die Sonne ist riesengroß!"
mit beiden Händen einen riesengroßen Ball andeuten;
„Die Sonne hat ganz viel Kraft!"
eine kraftvolle Bewegung machen, z. B. alle Muskeln anspannen;
„Die Sonne lässt die Pflanzen wachsen!"
Bewegung, die Wachstum andeutet;
„Die Sonne macht den Kürbis (die Äpfel etc.) reif"
mit den Händen schöne Früchte formen, mit den Augen bewundern, essen und genießen;
„Die Sonne ist wie ein riesiges Feuer!"
als Flammen tanzen, evtl. mit Geräusch verstärkt.

Benötigt werden so viele Sätze und Bewegungen, wie Kinder teilnehmen; jüngere Kinder brauchen vielleicht Hilfe, um Sätze und Bewegungen zu finden.
Dann beginnt der Sonnentanz. Mit einem Lied begrüßen alle Kinder die Sonne:

Heya – Heya

⊙ 14

Text: H. E. Höfele
Musik: B. Windisch

He - ya, He - ya, He - ya, He - ya, He - ya, He - ya, He - ya - ya.

He - ya, das ist son - nen - klar, oh - ne Licht gäbs uns nicht.

He - ya, He - ya, wär - me mich, lie - be Son - ne gib uns Licht. Die

Son - ne steht am Him - mel, wärmt uns und gibt uns Licht. Wir

dür - fen nie ver - ges - sen, oh - ne Son - ne gäbs uns nicht.

Tanzanleitung

Die Kinder fassen sich an den Händen und gehen im Kreis herum. Zum Ende des kurzen Lieds begrüßen sie die Sonne, indem sie mit ausgestreckten Händen ihre Strahlen nachahmen. Dann geht das Lied von vorne los, getanzt wird im Kreis diesmal in die andere Richtung.

Beim dritten Mal geht statt des Sonnebegrüßens ein Kind in die Mitte des Kreises, sagt seinen „Sonnensatz" und macht die entsprechende Bewegung dazu. Die anderen wiederholen den Satz und die Bewegung im Chor. Als Refrain folgt nun wieder das Lied mit Tanz im Kreis. Das nächste Kind zeigt seine Bewegung, die anderen antworten und wiederholen als Echo Satz und Bewegung. Der Sonnentanz geht weiter, bis alle Kinder an der Reihe waren. Zum Abschluss den Anfang wiederholen, aber dabei immer schneller werden.

Der Mond

Sag mir doch, wer kann das sein?
Mal dick, mal dünn, mal groß, mal klein,
doch seine wahre Größe wechselt nicht,
nur immer wieder sein Gesicht.

Das silbrige, weiche Licht des Mondes, seine Bahn und sein wechselndes Gesicht ziehen die Menschen seit jeher in Bann. Die Mondphasen und der – mit 28 Tagen gleich lange – weibliche Zyklus vermittelten den Urmenschen eine erste Vorstellung vom Lauf der Zeit. In China und Tibet sind heute noch Mondkalender in Gebrauch, und auch unser „Monat" kommt vom Mond. Fastnacht, Ostern und Pfingsten bestimmen sich nach dem Mond und der Sonne, ebenso der islamische Fastenmonat Ramadan. So manche Uhr geht nach dem Mond und man hört, es lebten auch heute noch Menschen nach dem Mond, ganz Verwegene sogar hinter dem Mond.

Tatsächlich beeinflusst der Mond mit seiner Anziehungskraft das Wasser auf der Erde. Ebbe und Flut sind sein Werk und wie es scheint, wirkt die Anziehung des Mondes bis in das Wasser einzelner Zellen der Lebewesen.

Die Erde ist nicht der einzige Planet mit einem Mond – Mars hat zwei (allerdings sehr kleine) Monde, Jupiter mehr als 16, Saturn hat über 20 Monde, auch Uranus und Neptun werden von vielen Monden umkreist. Selbst der kleine, ferne Pluto hat einen Mond namens Charon.

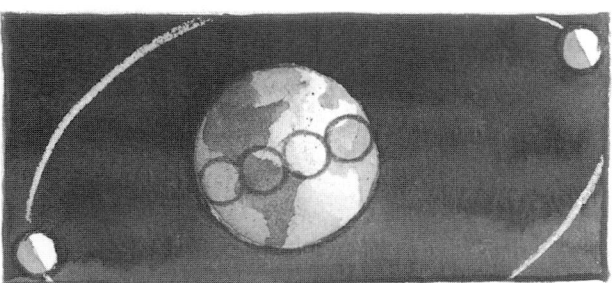

Der Mond leuchtet nicht von sich selbst heraus, sondern empfängt, wie die Erde, das Licht der Sonne. Die jeweils sichtbaren Teile des Mondes leuchten also im Sonnenlicht, die jeweils unsichtbaren liegen im schwarzdunklen Schatten. Am Tageshimmel erscheint entweder der abnehmende Mond (vormittags in Richtung Südwest und Westen) oder der zunehmende Mond (nachmittags in Richtung Osten und Südosten). Besonders im Herbst und Winter hebt sich oft eine helle Mondscheibe vom tiefblauen Himmel ab. Die Sonne steht dann niedrig, der Mond aber sehr hoch am Himmel.

Der Vollmond geht exakt zu Sonnenuntergang auf und zu Sonnenaufgang unter, weil er der Sonne genau gegenüber steht. Er ist also nur nachts zu sehen. Der Neumond dagegen steht zwar am Tageshimmel nicht weit von der Sonne, ist aber unsichtbar. Besonders reizvoll ist die feine Sichel des letzten abnehmenden Mondes wenige Tage vor Neumond in der Morgendämmerung im Osten bzw. des ersten zunehmenden Mondes wenige Tage nach Neumond in der Abenddämmerung im Westen.

An den feinen Sichelmonden sieht man gelegentlich auch die dunklen Bereiche des Mondes in einem blaugrauen Licht. Es ist kaum zu glauben – aber dieses Licht ist der Erdschein auf dem Mond! Um Neumond herum ist auf dem Mond Vollerde – und vom Mond aus gesehen leuchtet die Erde viel, viel heller als bei uns der Vollmond. Sie hat nämlich einen viermal größeren Durchmesser und außerdem hell reflektierende Oberflächen wie weiße Wolken oder Eiskappen. Im Erdschein auf dem Mond könnte man bequem auch das Kleingedruckte einer Pauschal-Weltraumreise lesen (ob der Rückflug zur Erde inbegriffen war?). Dieses so genannte „aschgraue" Licht ist also von der Sonne zur Erde gekommen, von dort zum Mond geeilt und kehrt jetzt als sichtbarer Erdschein zu uns zurück.

Häufiger als die Sichelmonde sind jedoch die Halb- und Dreiviertelmonde zu sehen. Interessant ist dabei die Mondbeobachtung mit einem Fernglas selbst am Tage; schon mit kleiner Vergrößerung lassen sich „Mondmeere" (riesige Sandebenen), Berge und Krater ausmachen. Mit einem Fernglas fällt auch die Kugelgestalt des Mondes unmittelbar ins Auge.

Die dunklen Gebiete des Mondes sind große Ebenen aus erstarrten Lava-Seen, viele Meter hoch mit feinstem Sand bedeckt. Die alten Astronomen hatten jene Gebiete in völliger Verkennung ihrer Natur noch „Mare", Meere, genannt. Im Fernglas und besonders im Teleskop sind neben diesen dunklen Gebieten aber auch Mondgebirge (bis 11.000 m hoch!) und große Krater erkennbar.

In seiner Frühphase war der Mond noch heiß und plastisch, wie auch die Erde zu jener Zeit: Es gab gigantische Vulkanausbrüche, glühend heißes, flüssiges Gestein, dazu das Bombardement von Meteoriten, die in der Frühphase des Sonnensystems noch sehr zahlreich durch den Raum schwirrten. Von ihnen stammen die zahllosen Krater auf der Mondoberfläche. Da weder Luft noch Wasser die Landschaft des Mondes verändern, bleiben ihre Merkmale über Jahrmilliarden fast unverändert erhalten (auch die Fußspuren der Mondfahrer werden für viele Jahrtausende sichtbar bleiben). Auf der Erde sind die Einschlagkrater längst von Wetter, Wind und Wasser verwischt worden – nur noch Reste wie das Nördlinger Ries oder der große Krater von Arizona sind zu sehen.

Noch zu Beginn der 1960er-Jahre war es ein großes Rätsel, wie wohl die Rückseite des Mondes aussehen würde, die bis dahin noch nie ein Mensch gesehen hatte. Russische Weltraumsonden lüfteten das Geheimnis: Ihre Fotos zeigten stark von Kratern zernarbte, bergige Wüstenlandschaften und weniger die großen Ebenen, wie sie als dunkle Gebiete auf der Vorderseite des Mondes auffallen. Am 21. Juli 1969 landeten schließlich erstmals Menschen auf dem Mond. Die Astronauten Neil Armstrong und Edwin Aldrin sammelten Gesteinsproben und führten Experimente durch, ebenso wie die ihnen folgenden Besatzungen von fünf weiteren Mondlandungen.

Die Astronauten bewegten sich dabei in einer lebensfeindlichen Umgebung ohne Luft, mit bis zu 120 Grad Celsius plus in der Sonne und um die 120 Grad minus im Schatten. Sie erforschten wüstenähnliche Landschaften ohne jedes Wasser und ohne Leben.

Der historischen Mission von Apollo 11 und den folgenden Mondflügen ging eine beispiellose Anstrengung voraus, die für ein wissenschaftliches Projekt seither nie wieder unternommen wurde. Durch die Apollo-Missionen ist auch deutlich geworden, dass die Zukunft der Menschheit für absehbare Zeit auf der Erde liegt und nicht auf dem Mond oder sonst wo im Weltall.

„Wanted": Steckbrief für den Mond

Was die Kinder bereits über den Mond wissen, erlebt oder gehört haben, wird Teil eines gemeinsam angefertigten Steckbriefes.

Material: ein großer Bogen weißes oder farbiges Tonpapier (am besten DIN A2 oder größer, eventuell mehrere Bögen mit Kreppklebeband aneinander kleben), Malkreiden, Kleber und Scheren, Fotos vom Mond (z.B. aus Prospekten)

Alter: ab 5 Jahren

Die Spielleitung führt die Kinder in das Thema ein: „Stellt euch vor, es kämen fremde Bewohner aus dem All, die etwas über den Mond wissen wollen, und ihr dürft ihnen Auskunft geben."

Zunächst stehen Erfahrungen und Erlebnisse mit dem Mond im Vordergrund:

Was habt ihr selbst mit dem Mond erlebt?
Wo ist der Mond eigentlich, wenn wir ihn nicht sehen?
Wie sieht es wohl auf dem Mond aus?
Habt ihr schon von den Mondkratern gehört? Wie sind die wohl entstanden?
Was glaubt ihr, wie weit der Mond von der Erde entfernt ist?
Könnten wir oder könnten unsere Besucher aus dem All mal so eben dahin fliegen?
Waren Menschen schon auf dem Mond?"
Die Spielleitung unterstützt die Kinder durch gezielte Fragen nach Aufgabe, Konsistenz, Größe, Entfernung oder andere „Daten" über den Mond.

In die Mitte des Plakates einen großen Mond malen – das Porträt des Gesuchten. Die Kinder ergänzen das Bild nun mit ihren gesammelten „Daten" und Erfahrungen, drum herum kommen weitere Hinweise, die unseren Besuchern aus dem All den Mond beschreiben. Die Fotos ausschneiden und dazukleben.

Eulalia auf dem Mond

Eulalia trägt einen Stoffsackbeutel mit etwa kinderhandgroßen kantigen grauen Steinen und feinem Staub (Asche oder brauner Kreidestaub), ihre Nase ist verstaubt.

Nach einem ausgiebigen Schlaf besucht Eulalia ihre Freunde, die Kinder. Ihr Fell und ihre Nase sind ganz staubig und über der Schulter schleppt Eulalia einen schweren Sack hinter sich her. Was hat sie bloß mitgebracht?

Eulalia behauptet felsenfest, sie sei während ihres letzten nächtlichen Ausflugs auf dem Mond gewesen und habe dort ein paar Brocken Mondgestein und eine ganze Menge Mondstaub eingesammelt. Beim Erzählen muss sie immer wieder niesen. Dabei wirbelt sie eine dicke Staubwolke vor sich auf.
War Eulalia tatsächlich auf dem Mond?
Eulalia öffnet ihren Sack. Die Kinder untersuchen den Mondstaub und das Gestein und mutmaßen darüber, ob es wohl wirklich vom Mond kommt...

Sie sagt, sie kommt vom Mond

5

Text: B. Laux
Musik: G. Geisinger

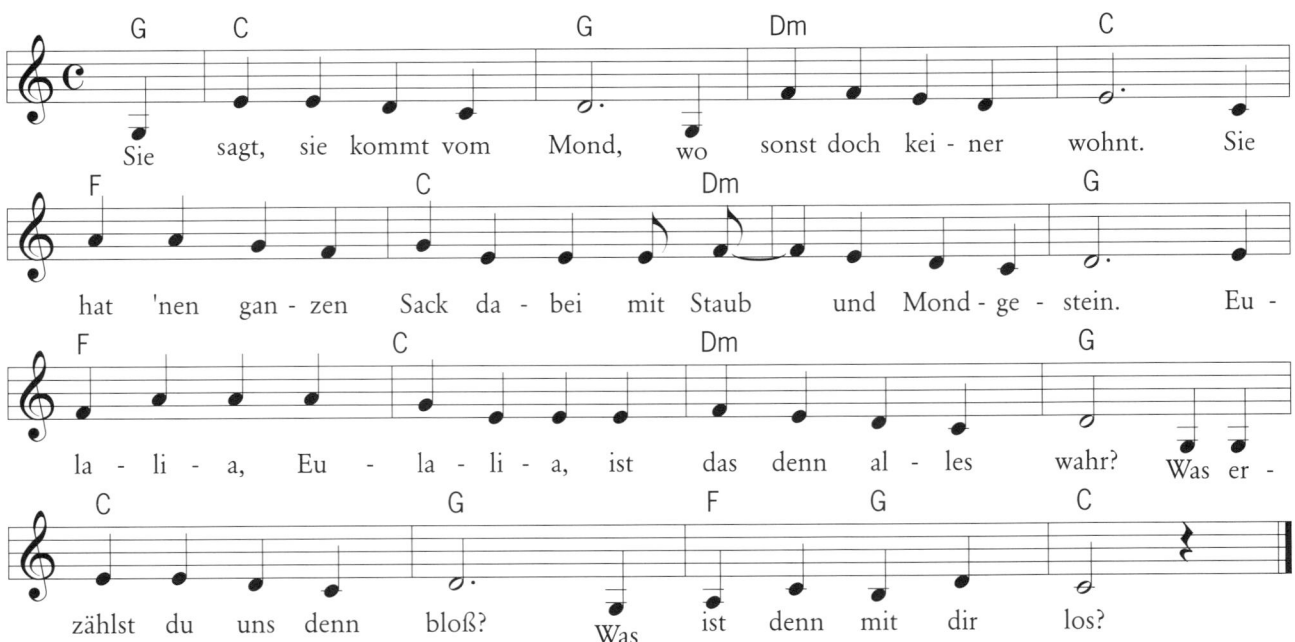

Mondbilder anschauen

Material: Bilder, Dias oder Videos vom Mond, evtl. Diaprojektor oder Videorekorder und Fernseher
Alter: ab 4 Jahren

Aus der Stadtbibliothek, von Eltern etc. bebilderte Bücher über den Mond (meistens: Astronomie allgemein) ausleihen und mit den Kindern anschauen. Beim Kosmos-Verlag ist sogar eine große Mondkarte zum Aufhängen erhältlich. Monddias und auch Mondvideos halten die Kreisbildstellen bereit, wo Kindergärten meist kostenlos ausleihen können. Auch Amateurastronomen verfügen über sehenswerte Diasammlungen (Adressen s. Anhang).

Mond mit Ferngläsern beobachten

Den besten Kontrast zur Mondbeobachtung bietet ein dunkler Himmel, also nachts oder in der Dämmerung. Aber auch tagsüber lassen sich ein paar Details der Mondoberfläche erkennen. Ein Sichel- oder Halbmond mit Sonneneinstrahlung von der Seite zeigt die schärfsten Oberflächenkonturen, ein Vollmond hat dagegen kein Relief.

Material: mitgebrachte Ferngläser
Alter: ab 4 Jahren

Die Kinder bringen von zu Hause Ferngläser mit. Am besten geeignet sind solche mit großer „Öffnung" – der Durchmesser der vordersten Linse, auf die das Mondlicht zuallererst auftrifft, sollte so groß wie möglich sein (50 mm oder 35 mm). (Westentaschenferngläser zur Vogelbeobachtung eignen sich nicht gut.) Die Vergrößerung beträgt meist 7fach oder 8fach, was hier völlig ausreicht.

Im Freien (nicht durch ein geschlossenes Fenster wegen dessen optischer Verzerrung!) mit den Ferngläsern den Mond anvisieren und bestaunen. Gelegentlich muss man den Kindern helfen, den Mond auch zu finden. Die Kinder tauschen die Ferngläser untereinander, damit alle in den Genuss des Blicks durch die guten Gläser kommen.

Fragen nach Details lassen die Beobachtung genauer werden: Wo sind helle und dunkle Stellen auf dem Mond, glatte und raue Stellen, Krater und Berge?

Nach der Mondbeobachtung dürfen die Kinder ihre Eindrücke in Bildern wiedergeben oder die Mondlandschaft in Ton modellieren (S. 34).

Hinweis: Viel spannender ist freilich der Blick durch ein großes Teleskop, dessen Aufbau und Nachführung jedoch Übung erfordert und von den Kindern Geduld verlangt – es kann immer nur eines hindurchsehen. Anschriften von Astronomievereinen finden sich im Anhang.

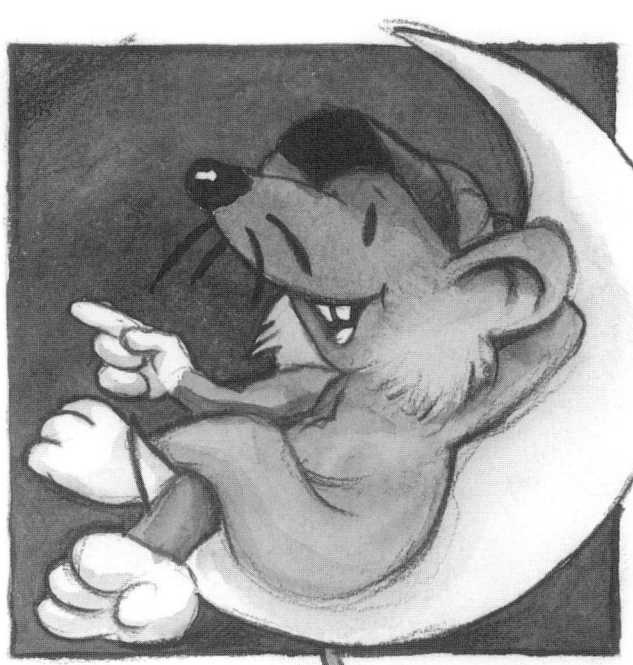

Mondkraterlandschaften modellieren

Material: Holzplatte etwa in DIN A3 (für ein gemeinsames großes Modell) oder kleiner (bis hinunter zu DIN A5 für Einzelmodelle) (z.B. Rückseite eines zerbrochenen Glasbilderrahmens), je Holzplatte vier zugeschnittene Holzleisten als Randbegrenzung, kleine Holznägel, kleiner Hammer, stabile und wasserdichte Plastikfolie, Reißnägel, Modellierton, ein Schälchen mit Wasser, raue kleine Steine, Sand verschiedener Körnung

Alter: ab 4 Jahren (mit Variante)

Die Holzleisten mit Nägeln als abschließenden Rahmen auf die Platte nageln.

Plastikfolie mit Reißnägeln auf die Leisten heften, so dass ein wasserfestes Bett entsteht, in dem modelliert werden kann.

Den Ton etwas ankneten, auf der Unterlage verteilen und ca. 3–5 cm dick wie auf einem Backblech festdrücken.

Mit den Händen, Fäusten und Fingern kleine bis größere Vertiefungen in den Ton hinein drücken.

Mit den Fingern diese Vertiefungen zu Kratern ausformen und mit etwas Wasser glatt streichen. Schroffe Berge formen, mit den Steinen Reliefs eindrücken und vor dem Trocknen mit Sand und Steinen etwas Abwechslung in die entstandene Landschaft bringen.

Den Sand nicht zu dick aufstreuen, damit entstandene Formen erkennbar bleiben und damit der trocknende Ton nicht schimmelt.

Nach dem Antrocknen das Relief aus dem Rahmen befreien.

Die Mondlandschaft wird nicht gebrannt!

Variante: Mondlandschaft im Freien modellieren, z.B. in einer Tonecke, im Schlamm oder im Sandkasten.

Mondspuren I

Jeder Bildband über den Mond enthält Fotos von den Spuren der Astronauten. Dass diese Spuren auf fast ewig erhalten bleiben, fasziniert die Kinder.

Material: Bilder oder Videos der Mondspaziergänge und von den Fußspuren der Astronauten
Alter: ab 3 Jahren

Die Spielleitung betrachtet mit den Kindern die Bilder oder Videos. Anschließend übt die Gruppe „Mondgang" (barfuß bei Wärme, sonst in Schuhen): Die Kinder springen und laufen im Zeitlupentempo durch Sand oder Lehm. Hinterher muss jeder die eigenen Fußspuren wieder finden – welcher Fuß gehört zu welchem Abdruck?

Mondspuren II

Das gibt's doch gar nicht: Spuren von nackten Füßen auf dem Mond...

Material:
für den Abdruck: je Kind ein Schuhkartondeckel, Gips, Wasser, Plastikschalen zum Anrühren, alter ausgedienter Schneebesen, evtl. Plastikhandschuhe, Vaseline, Handtücher, 1–2 Waschwannen mit Wasser, Kugeln und Bälle in verschiedenen Größen, kleine kantige Steine
zum Bemalen und Gestalten: Wasserfarben oder Plakafarben, Pinsel, Wasserbecher, feiner Vogelsand, Tapetenkleister
Alter: ab 4 Jahren (mit Hilfe)

- Den Gips anrühren (Achtung: Gips trocknet sehr schnell, deshalb können nur immer 2–3 Kinder gleichzeitig ihren Abdruck machen).
- Gips ca. 2 cm dick in die Kartondeckel verteilen und antrocknen lassen.
- Socken ausziehen, Füße ausreichend mit Vaseline einreiben und beide Füße nacheinander im Gips abdrücken (Gips muss so fest sein, dass der Abdruck erhalten bleibt). Füße herausziehen, in bereitgestellter Waschwanne waschen und abtrocknen.
- Wer möchte, drückt mit Kugeln und Bällen zusätzliche Kratervertiefungen in den Gips. Ein paar Steine ebenfalls hineindrücken und stecken lassen.
- Den Abdruck über Nacht trocknen lassen.
- Am nächsten Tag die Fußspuren mit Wasser- oder Plakafarben in Gelb-, Braun- und Ockerfarben mondgerecht anmalen. Vertiefungen mit Braun oder Schwarz ausmalen. Trocknen lassen.
- Kleister anrühren, die Fußspuren dünn einkleistern und etwas Vogelsand als Mondsand darüber streuen.

Phantasiereise zum Mond

Fotos oder Videos von den Mondmissionen (erhältlich in öffentlichen Bibliotheken) regen die Phantasie der Kinder sehr an. Sie sind fasziniert vom Laufen und Springen im leichteren Schwerefeld des Mondes, vom Weitwurf mit Mondsteinen, von Raumanzügen, Raumschiffen und Countdowns, von der Schwerelosigkeit in der Erdumlaufbahn.

Material: Decken oder Isomatten als Unterlagen
Alter: ab 5 Jahren

Im warmen, nur dezent beleuchteten Raum werden Unterlagen verteilt, so dass die Kinder sich für die Phantasiereise hinlegen können.

Die Phantasiereise (zum Vorlesen):

„Legt euch bequem hin und streckt die Arme und Beine aus.

Stellt euch vor, es ist schon spät geworden und ihr liegt zu Hause auf euren Betten.

Wenn ihr mögt, macht eure Augen zu. Ihr seid müde geworden, eure Arme und Beine liegen schwer auf der Decke. Bauch und Rücken, Kopf und Füße werden schwer und müde. In eurer Vorstellung schaut ihr jetzt aus dem Fenster und seht den Mond hoch oben am Himmel stehen. Wie ein silberner Ball leuchtet er in die Nacht hinein. Es ist Vollmond, eine ganz besondere Nacht.

Der Mond lächelt euch zu. Ihr könnt deutlich sein Gesicht erkennen.

Wenn ihr ganz genau hinschaut, könnt ihr etwas Seltsames auf seiner Oberfläche sehen – so etwas wie Löcher. Sind das die Mondkrater, von denen ihr schon so viel gehört habt?

Ihr bekommt auf einmal große Lust, euch das genauer anzuschauen, selber zum Mond zu fliegen.

Plötzlich steht da ein Raumschiff im Garten! Ihr könnt es ganz deutlich sehen. Wie von Zauberhand getragen schwebt ihr aus eurem Zimmer auf die Tür des Raumschiffs zu. Sie öffnet sich... und schon seid ihr drin im Raumschiff.

Für alles ist gesorgt, sogar Weltraumnahrung ist an Bord. Die Triebwerke starten. Schnell steigt das Raumschiff nach oben, das fühlt sich an wie in einem Aufzug. Immer höher fliegt ihr hinauf. Und dann... schwebt ihr im Weltraum. Leicht wie eine Feder schwebt das Raumschiff weg von der Erde in Richtung Mond. Noch nie habt ihr euch so leicht gefühlt. Es ist ein schönes Gefühl, ihr braucht gar nichts zu tun. Jetzt schaut ihr noch einmal aus dem Fenster des Raumschiffs: Ist diese große blaue, schöne Murmel unsere Erde? Wie klein sie plötzlich wirkt, kaum zu glauben, dass ihr eben noch dort wart und dass auf ihr so viele Menschen wohnen!

Im Weltall ist alles dunkel. Die Sterne leuchten. Der Mond wird größer und größer und ganz schön hell. Immer deutlicher werden die Löcher und Krater, und auch die hohen schroffen Mondgebirge! Der Mond kommt immer näher, jetzt ist er riesengroß vor uns...

Wir schweben über seiner Oberfläche, sinken immer weiter darauf zu...

Endlich landen wir sanft und leicht im weichen Mondsand...

Jetzt ziehen wir Raumanzüge und Helme an, gehen zur Luke des Raumschiffs, steigen aus. Vorsichtig machen wir die ersten Schritte auf dem Mond, hinterlassen unsere Spuren im Sand.

Wir sehen uns ein wenig auf dem Mond um. Wirbeln den Mondsand mit den Füßen auf... spielen Fußball mit einem großen Mondstein... schauen auf die schöne blaue Erdkugel am

Mondhimmel... springen ganz weit, so leicht, wie wir hier sind...

Dann piepst es in unserem Helm – der Sauerstoff wird knapp. Wir müssen zurück zum Raumschiff.

Durch die Luke steigen wir wieder ein und ziehen den Raumanzug aus.

Der Kommandant zählt: 5 – 4 – 3 – 2 – 1.

Die Triebwerke starten, das Raumschiff steigt nach oben, weg von der Mondoberfläche.

Wie aus einem Flugzeug schauen wir jetzt aus großer Höhe über die Mondlandschaft und immer weiter trägt uns das Raumschiff.

Im anderen Fenster erkennen wir die Erde, unseren Blauen Planeten. Dahin führt die Reise zurück.

Der Mond wird immer kleiner, die Erde immer größer. Bald erkennen wir schon Wolken auf der Erdoberfläche. Jetzt sind wir schon ganz nahe, schweben in iher Umlaufbahn.

Alles im Raumschiff ist schwerelos, auch wir selber schweben in der Kabine.

Wir schnallen uns auf unseren Sitz. Das Raumschiff steuert jetzt nach unten, durch die Wolken hindurch, schwebt über der Landschaft, wir sehen unser Haus.

Das Raumschiff zielt zur Landung auf unseren Garten. Wir sind direkt darüber, sinken langsam und landen weich im Gras.

Plötzlich liegen wir wieder im Bett, der Mond scheint immer noch durchs Fenster... und lächelt. Haben wir alles nur geträumt?

Und dann merken wir, dass wir im Kindergarten (zu Hause, in der Schule...) auf dem Boden liegen auf der Decke... recken und strecken uns, öffnen die Augen."

Nach der Phantasiereise dürfen die Kinder von ihren Erlebnissen erzählen und Fragen stellen.

Mondlandung spielen

Im Anschluss an die Phantasiereise oder an die Betrachtung von Fotos oder Videos der Mondmissionen agieren die Kinder in Bewegung aus, was sie fasziniert: einen Raumflug erleben, auf dem Mond landen, eine Sandprobe nehmen, mit dem Mondauto fahren.

Material: viel Platz, z.B. in einer Turnhalle oder in einem Rhythmikraum
Alter: ab 5 Jahren

Die Spielleitung steht mit den Kindern im Kreis, erzählt den Ablauf der Mondlandung und führt dabei die entsprechenden Bewegungen vor.

Die Kinder ziehen sich imaginäre Astronautenanzüge an. Helm und Sauerstoffflasche nicht vergessen! In die Hocke gehen, mit Bewegung und Geräuschen eine Zündschnur an die Rakete legen. Mit einem zischenden Geräusch Zündung simulieren und schon beginnt der Countdown: 10 – 9 – 8 – 7 – 6... – 0! *(Dabei aus der Hocke immer mehr nach oben gehen, bei null strecken und aufspringen.)*

Die Rakete ist gestartet! Sie fliegt und fliegt ein ganzes Stück. *(Umherrennen, evtl. mit ausgebreiteten Armen.)*

In der Erdumlaufbahn werden wir schwerelos und schweben durch die Kabine des Raumschiffs. *(Die Kinder taumeln langsam umher.)* Wir müssen aufpassen, dass wir dabei nicht mit unseren Kollegen zusammenstoßen!

Jetzt stärken wir uns mit unserer Astronautennahrung – mit den Händen drücken wir eine Paste aus der Tüte in den Mund. Dann schlafen wir ein bisschen, schlafen im Schweben.

Jetzt erreichen wir den Mond – schnell festschnallen für die Landung:

0 – 1 – 2 – 3 – 4 – 5 – 6 – 7 – 8 – 9
(aus dem Stand immer tiefer gehen)
Heftige Landung bei 10! Alle fallen erst mal hin. Langsam wie in Zeitlupe steigen wir aus der Landefähre und laufen auf dem weichen Mondsand.
Wir sammeln Sand und Mondsteine...
Wir sind auf dem Mond viel leichter als auf der Erde! Wir können weit springen! Riesige Felsbrocken heben!
Wir setzen uns in das Mondauto *(alle Kinder setzen sich auf den Boden)* und fahren los: Es holpert über Steine und durch Krater, legt sich in die Kurve...
Der Kommandant ruft uns über Funk. Wir müssen zurück zum Raumschiff.
Durch die enge Luke einsteigen, Helm absetzen, Sauerstoffflasche absetzen, in der Hocke anschnallen.
Countdown für den Start vom Mond: 5 – 4 – 3 – 2 – 1 – 0! *(Langsam aufstehen)* Die Rakete startet und fliegt los.
Wir fliegen durch das Weltall zurück zur Erde, sind dabei wieder schwerelos und schweben herum.
Jetzt wieder Plätze einnehmen: Wir setzen zur Landung auf unserem Heimatplaneten an. Es schüttelt und rüttelt an unserem Raumschiff, während es immer tiefer zum Erdboden sinkt.
Bei der Landung werden wir wieder schwer.
Froh, wieder zu Hause zu sein, schnallen wir uns los, steigen aus dem Raumschiff und sind ganz erschöpft von dem großen Abenteuer.

Mondauto bauen

Seit 1971 flog bei den Mondmissionen ein eigens dafür entwickeltes Mondauto mit.

Material: vier große feste Kartons (z.B. Bananenkartons ohne Deckel), Klebstoff, Kreppklebeband, Alufolie und Goldfolie (Papierbeschichtungsfirmen haben oft rollenweise kostenlose Ausschussware), starke Pappkartons, Stift, Schere, Musterklammern, Kabelreste, leere Kaffeedosen, diverse Papröhren, Toilettenpapierrollen, Dosen und Schachteln, Tonpapier DIN A2, Schnur
Alter: ab 4 Jahren (mit Hilfe)

● Die Bananenkartons zusammenstellen, so dass ein Rechteck aus zwei mal zwei Kartons entsteht:
Die beiden vorderen Kartons mit ihrem Boden unten, die beiden hinteren mit ihrem Boden oben, also verkehrt herum, aneinander fügen.
Wände zusammenkleben und mit Kreppklebeband außen herum stabilisieren.
Mit Goldfolie verkleiden. Das ist das Chassis, der Körper des Mondautos.

● Aus weiteren stabilen Kartons fünf gleich große Kreise als Räder (eines als Lenkrad) aufzeichnen und ausschneiden (evtl. vorher Kreisschablone von ca. 30 cm Durchmesser vorbereiten).
Mit Silberfolie verkleiden und mit je einer Musterklammer außen am Chassis befestigen. Das Chassis bleibt auf dem Boden stehen, die Räder stehen also oben etwas über. Das Lenkrad nimmt der „Fahrer" später einfach in die Hand.

● Weitere kleinere Kartons als Behälter für technisches Zubehör, Ausrüstung und gesammelte Gesteinsproben mit Folie verkleiden und an den Seitenwänden oder oben auf der Fläche eines der beiden hinteren Kartons mit Musterklammern befestigen – Sitzfläche für zwei Besatzungsmitglieder freilassen!.

● Pappröhren mit Alufolie verkleiden und nach eigenen Vorstellungen für Antennenvorrichtungen befestigen. Kabelreste mit Klebeband an den Röhren befestigen oder daran festbinden.

● Auf das Tonpapier den größtmöglichen Kreis aufzeichnen und ausschneiden. An einer Stelle bis zum Mittelpunkt einschneiden und die Ränder der Schnittstelle leicht überlappend zusammenkleben, so dass eine „Satellitenschüssel" entsteht.
Diese Antenne mit Silber- oder Goldfolie beidseitig bekleben.

● Einen Pappmast aus Kartonteilen zusammenrollen (ca. 1–1,5 m lang) und mit Folie verkleiden. Mast mit Schnur und Klebeband am Mondauto befestigen und die Satellitenschüssel aufstecken und festkleben.

Das Mondauto bietet zwei bis drei Kindern Platz zum Mitfahren und ist ein tolles Ausstellungsstück für ein Weltraumprojekt!

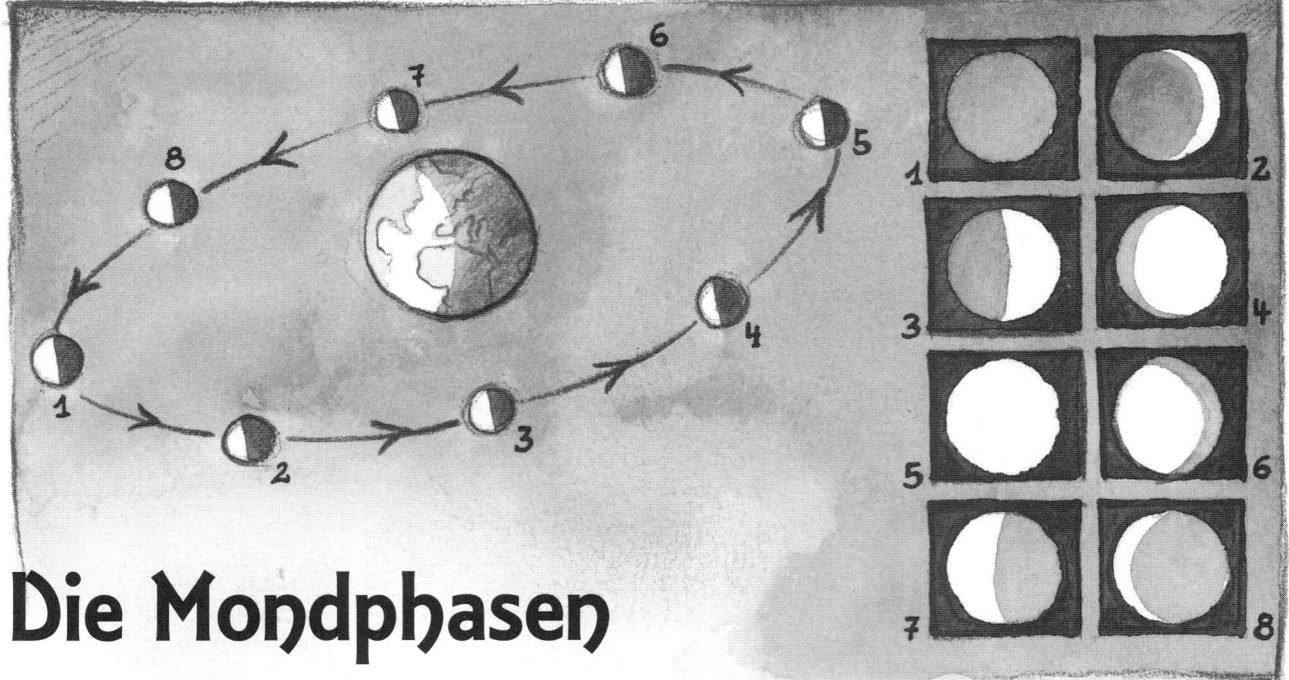

Die Mondphasen

Unser Mond dreht sich in 28 Tagen einmal um die Erde und mit der gleichen Geschwindigkeit um sich selbst, das heißt, er zeigt uns immer dieselbe Seite, sein „Gesicht". Das ganze Erde-Mond-System kreist zusammen um die Sonne, dabei entsteht das bezaubernde Schauspiel der Mondphasen: je nach aktueller Stellung von Erde und Mond zur Sonne ist der Mondkörper nur teilweise beleuchtet. Zwei, drei Tage nach Neumond erscheint am westlichen Abendhimmel eine feine Mondsichel, die Abend für Abend aber deutlich zunimmt und ihren Abstand zur Sonne vergrößert. Eine Woche nach Neumond prangt zum Sonnenuntergang ein Halbmond hoch am südlichen Himmel, der schon nachmittags am östlichen Himmel steht und erst nach Mitternacht am westlichen Horizont verschwindet. Der Mond nimmt weiter zu und durchwandert seine Bahn um die Erde, so dass nach einer weiteren Woche der volle Mond genau gegenüber der Sonne steht – beim Sonnenuntergang geht er auf und bei Sonnen-

aufgang wieder unter. Der Vollmond prangt also die ganze Nacht am Himmel und löscht mit seiner Helligkeit viele Sterne einfach aus. Tagsüber ist der Vollmond nicht zu sehen.

Danach wächst Dunkelheit von der anderen Seite her über den Mond, eine Woche nach Vollmond (d. h. drei Wochen nach Neumond) ist ein abnehmender Halbmond zu sehen, genau umgekehrt zum zunehmenden Halbmond. Dieser Halbmond geht erst nach Mitternacht auf und steht zum Sonnenaufgang hoch im Süden, bleibt den Vormittag über noch am westlichen Horizont zu sehen. In den letzten Tagen vor Neumond wird die verbleibende Sichel immer schmaler, sie ist schließlich nur noch kurz vor Sonnenaufgang am Osthimmel zu beobachten und verschwindet schließlich ganz. Bei Neumond liegt das gesamte Mondgesicht im Schatten, außerdem steht der Mond nah bei der hell strahlenden Sonne, der Mond ist unsichtbar.

Tanz des Mondes um die Erde – Entstehung der Mondphasen

Wie der Mond sich um die Erde dreht und durch die je unterschiedliche Sonneneinstrahlung die Mondphasen entstehen, das ist ohne Modell kaum anschaulich zu zeigen. Bei Sonnenschein gibt es jedoch eine schöne Übung dazu, die die Verhältnisse sofort sichtbar macht.

Material: besonnte Wiese oder Platz
Alter: ab 5 Jahren

Die Kinder stellen sich als Gruppe eng zusammen auf; sie sind die „Erde". Um sie herum muss in einem Radius von etwa sechs bis sieben Metern Platz sein, auf den die Sonne ungehindert scheint. Die Sonne ist „die Sonne" und das Gesicht der Spielleitung ist „der Mond". Jetzt stellt der Mond sich so auf, dass sein Gesicht voll im Sonnenschein liegt. Die Kinder sehen das Gesicht voll beleuchtet, also

einen vollen Mond. Jetzt dreht sich der Mond gegen (!) den Uhrzeigersinn in einem großen Kreis langsam um die Erde, das Gesicht bleibt der Erde zugewandt. Die Kinder sehen, wie die Sonne aus einem Teil des Gesichtes schwindet. Nach einem Viertel des Wegs um die Erde bleibt der Mond stehen. Die Kinder sehen jetzt einen abnehmenden Halbmond – das Gesicht ist zur Hälfte beleuchtet und zur Hälfte im Dunkel.

Während der Mond weitergeht, wird die „Sichel" immer schmaler, das Gesicht immer weniger beleuchtet. Nach der Hälfte des Weges um die Erde steht er mit dem Rücken zur Sonne, die Kinder sehen ein ganz und gar dunkles Gesicht: Neumond.

Auf dem weiteren Weg zeigt sich Stück für Stück wieder Sonnenlicht im Gesicht des Mondes, also eine zunehmende Mondsichel, und schließlich ein zunehmender Halbmond nach drei viertel des Weges um die Erde.

Auf dem letzten Stück der Runde leuchtet das Gesicht des Mondes mehr und mehr im Sonnenlicht, bis die Kinder schließlich in sein voll beleuchtetes Antlitz sehen: den Vollmond.

Mondphasenuhr

Dass der Mond im Laufe der Zeit seine Form ändert, ist für Kinder eine richtige Entdeckung und wirft riesige Fragen auf: Isst der Mond nicht genug, wenn er immer dünner wird? Die Mondphasenuhr ist eine Beobachtungshilfe.

Material: blauer Fotokarton (pro Kind ca. tellergroß oder als Gemeinschaftsuhr DIN A3 oder DIN A2), runder Gegenstand als Kreisschablone, Bleistift, Schere, Nadel, gelbe und schwarze Wachs- oder Buntstifte, andersfarbige Fotokartonreste, pro Uhr eine Musterklammer
Alter: ab 5 Jahren (mit Variante ab 7 Jahren)

● Mit einem flachen runden Gegenstand, z.B. einem Teller, auf den Fotokarton einen Kreis aufzeichnen. Den Kreis ausschneiden, die Mitte markieren und mit einer Nadel vorstechen.
● Vier bis zwölf Felder am Rand vorzeichnen, mit gelbem und schwarzem Bunt- oder Wachsstift die bekannten (je nach Schwierigkeitsgrad vier bis zwölf) Mondphasen einzeichnen: Orientierung am Zifferblatt einer gewöhnlichen Uhr, der Vollmond steht oben bei 12 Uhr (ganz gelb), unten bei 6 Uhr steht Neumond (ganz schwarz), bei 3 Uhr der abnehmende und bei 9 Uhr der zunehmende Mond Halbmond. Entsprechende Zwischenstufen auf den übrigen Feldern eintragen.
● Auf den andersfarbigen Fotokarton Zeiger aufzeichnen und ausschneiden, an einem Ende mit der Nadel durchlöchern und mit der Musterklammer in der Mitte des Mondphasen-Zifferblattes befestigen.

Die Kinder beobachten über mehrere Wochen hinweg den Mond am Himmel und stellen den Zeiger der Mondphasenuhr jeweils auf die beobachtete Mondphase ein.

Variante ab 7 Jahren: Ältere Kinder können in einem Kalender Datum und Uhrzeit der beobachteten Mondphase eintragen und diese mit herkömmlichen Mondkalendern vergleichen.

Mondphasendias

Die Kinder stellen selbstgemalte Mondphotos zur Projektion her.

Material: durchsichtige Folie (OHP-Folie) oder dünnes Plexiglas, Schere, wasserfeste Filzstifte oder Faserschreiber in verschiedenen Stärken und Farben (gelb, ocker, schwarz, braun, dunkelblau), Diarähmchen, Diaprojektor
Alter: ab 6 Jahren

Folie in Diagröße ausschneiden (Rand bedenken!) oder Rahmen aufzeichnen.
Mit den Filzschreibern für jede Mondphase ein Minibild gestalten: Das Weltall in Schwarz oder

Dunkelblau, die Mondphase in Gelb, Mond-
details wie Krater, Berge, Ebenen mit Ocker
und Braun malen.

Dias rahmen und in geordneter Reihenfolge als
Serie zusammenstellen, evtl. eine Geschichte
dazu ausdenken (vom Mond, der immer größer
und dicker wurde, dann aber plötzlich abnahm
und irgendwann gar nicht mehr zu sehen war.
War er tatsächlich verschwunden?) und bei einer Diashow erzählen.

Hinweis: So wie die gemalten Mondphasendias lassen sich auch Planetendias herstellen.
Für Sterndias Folie nicht mit Faserschreibern
bemalen, sondern mit dunkelblauem Transparentpapier bekleben und mit Stecknadeln
viele kleine Löcher als Sterne hineinstechen.
So können mit Hilfestellung die realen Sternbilder, aber auch Phantasiesternbilder hergestellt werden.

Ich fahre auf den Mond und nehme mit...

*Eine Reise auf den Mond erfordert gründliche
Vorbereitung: Astronautenausrüstung, Sauerstoffflasche, Weltraumnahrung und nicht zuletzt das Mondauto, um auf dem Mond ein wenig umherzufahren. Ganz zu schweigen von
der Mondrakete, dem Raumschiff und den
Triebwerken mit Unmengen von Treibstoff, um
die Rakete überhaupt zu starten. Was die Astronauten sonst noch dabei hatten bzw. was die
Kinder für einen Besuch zum Mond alles mitnehmen würden, darüber können sie ihrer
Phantasie freien Lauf lassen. Sie müssen nur
begründen, wozu sie es brauchen, und die
Gruppe sagt „ja" oder „nein" dazu.*

Material: keins
Alter: ab 5 Jahren (mit Varianten ab 4 und 6
Jahren)

Die Kinder sitzen im Kreis. Ein Kind beginnt
mit dem Satz: „Ich fahre auf den Mond und
nehme ... mit". Es nennt einen Gegenstand seiner Wahl und erklärt, wozu es diesen braucht.
Die anderen Kinder entscheiden, ob sie die
Wahl anerkennen oder nicht. Lehnt die Gruppe
den Gegenstand als nicht notwendig ab, überlegt sich das Kind etwas neues.

Das nächste Kind wiederholt den ersten akzep-
tierten Gegenstand und fügt einen neuen hin-
zu: „Ich fahre auf den Mond und nehme ... und
... mit", begründet seine Wahl, und wieder
stimmt die Gruppe zu oder auch nicht.

Gespielt wird so lange, bis der Raumschiffkof-
fer voll ist, d. h. bis sich die Kinder keine weiteren Begriffe merken können. Wenn einzelne
Kinder stocken, dürfen die anderen helfen.

Variante ab 4 Jahren: Die Kinder dürfen die Begründungen weglassen oder erhalten Hilfe von der Spielleitung.

Variante ab 6 Jahren: Bei der Aufzählung werden die Begründungen ebenfalls wiederholt: „Ich fahre auf den Mond und nehme ... mit, um ...“

Der Mann im Mond

Mit Phantasie lässt sich besonders bei Vollmond sehr gut ein Gesicht im Mond erkennen. Viele Geschichten erzählen von einem Mann im Mond. Ob es diesen tatsächlich gibt, und ob eine Begegnung mit ihm unheimlich wäre? Ein bisschen Neugierde und Abenteuerlust locken uns in seine Nähe!

Material: Kreide, viel Platz zum Bewegen
Anzahl: ab 5 SpielerInnen
Alter: ab 5 Jahren

Ein Spielfeld von ca. 5 x 10 Metern mit Kreide auf den Boden zeichnen.
Ein Kind ist der „Mann im Mond“ und steht mit dem Rücken zu den anderen an der vorderen Begrenzung. Die anderen Kinder stellen sich nebeneinander an der hinteren Begrenzung auf und schauen nach vorne. Gemeinsam rufen sie: „Ist der Mann im Mond zu Haus?“ So lange dieser nicht antwortet, nähern sich alle mit schnellen, jedoch leisen Schritten. Antwortet der Mann im Mond mit „Ja“, bleiben alle wie angewurzelt stehen. Der Mann im Mond dreht sich im gleichen Augenblick um – wer sich noch bewegt und erwischt wird, scheidet aus. Wer den Mann im Mond als Erster erreicht, darf dessen Stelle einnehmen und das Spiel beginnt von vorne.

Wer hat Angst vorm Mondgespenst?

Material: Kreide, viel Platz zum Laufen und Bewegen
Alter: ab 4 Jahren (mit Variante)

Ein Spielfeld von ca. 5 x 10 Metern mit Kreide auf den Boden zeichnen.
Auf einer Seite steht ein Kind als Mondgespenst hinter der Linie, am gegenüberliegenden Ende die anderen Kinder hinter der anderen Linie. Das Mondgespenst ruft: „Wer hat Angst vorm Mondgespenst?“ – „Niemand!“ antworten die anderen. „Und wenn es kommt?“ – „Dann laufen wir!“ Alle laufen los in das Spielfeld. Das Mondgespenst versucht so viele Kinder wie möglich zu fangen, bevor diese die andere Linie erreicht haben. Dort sind sie sicher und dürfen nicht mehr gefangen werden. Eine kurze Berührung reicht aus, um ein Kind zu fangen; im Gesicht darf nicht abgeschlagen werden.
Alle gefangenen Kinder werden in der nächsten Runde zu Mondgespenshelfern und dürfen mitfangen. Wer zum Schluss übrig bleibt, ist das neue Mondgespenst.

Variante: Erschwert wird das Spiel, wenn die Spielleitung im Spielfeld Krater einzeichnet, um die die SpielerInnen herumlaufen müssen! Wer einen Krater betritt, fällt hinein und ist ebenfalls gefangen.

Mondzeit

Text: B. Laux
Musik: G. Geisinger

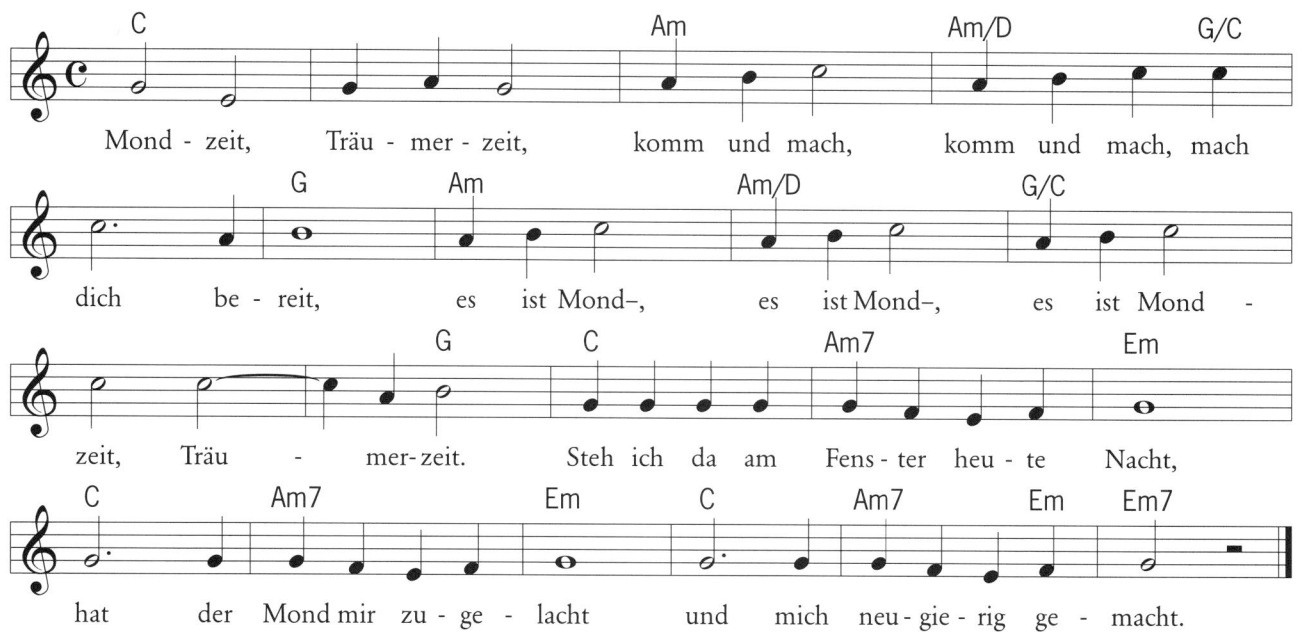

Mond - zeit, Träu - mer - zeit, komm und mach, komm und mach, mach

dich be - reit, es ist Mond–, es ist Mond–, es ist Mond -

zeit, Träu - mer - zeit. Steh ich da am Fens - ter heu - te Nacht,

hat der Mond mir zu - ge - lacht und mich neu - gie - rig ge - macht.

Refrain: Mondzeit, Träumerzeit
Komm und mach, komm und mach, mach dich bereit
Es ist Mond-, es ist Mond-, es ist Mondzeit – Träumerzeit

Steh ich da am Fenster heute Nacht
Hat der Mond mir zugelacht
Und mich neugierig gemacht

    Mondzeit, Träumerzeit...

War der Tag heut lang und schön
Hab ich ziemlich viel gesehn
Will jetzt lieber schlafen gehn

    Mondzeit, Träumerzeit...

Steht mein Traumschiff schon bereit
Sag ich mir, verlier ich keine Zeit
Steig ich ein und singe laut

    Mondzeit, Träumerzeit...

Schlaf ich ein und träume süß
Danke, lieber Mond, ich grüß
Dich und alle Sterne weit und breit
Ich mache mich bereit

    Mondzeit, Träumerzeit...

Hast du den Bananenmond gesehn?

⊙ 9
Text: B. Laux
Musik: G. Geisinger

C   G   C   F

Als ich ges - tern auf den Spiel - platz ging, was glaubst du denn, was

C   G   F   C

hab ich da ge - sehn? Ganz krumm und schmal und hell, komm

F   C   F   C   G   C

sag es mir ganz schnell, am Him - mel hab ich was ge - sehn, hab ich was ge - sehn.

G   C   F   C

Hast du den Ba - na - nen - mond ge - sehn? Es gibt nur we - nig Din - ge,

G   F   C   F

die am Him - mel stehn. Und krumm und krumm, wir

C   F   C   G   C

sind nicht dumm, ist der Ba - na - nen - mond, ist der Ba - na - nen - mond.

1. Als ich gestern auf den Spielplatz ging
Was glaubst du denn, was hab ich dort gesehn?
Ganz krumm und schmal und hell
Komm sag es mir ganz schnell
Am Himmel hab ich was gesehn, hab ich was gesehn.

Hast du den Bananenmond gesehn?
Es gibt nur wenig Dinge, die am Himmel stehn.
Und krumm und krumm, wir sind nicht dumm,
Ist der Bananenmond, ist der Bana-a-a-a-nenmond!

2. Und manchmal ist er groß und rund
Ich hab ihn sogar schon mal halb gesehn
Ganz oben dort
Am Himmel stehn,
Ganz oben dort am Himmel stehn!

Hast du den Bananenmond gesehn...

3. Was macht der Mond denn bloß?
An manchen Tagen ist er einfach riesengroß
Mal ist er dick und rund
Dann wieder klitzeklein
Ist der Mond denn noch gesund?

Hast du den Bananenmond gesehn...

Mondfinsternis

Götter zu erflehen. Nach ungefähr vierzig Minuten hatten sie endlich Erfolg – denn dann tritt der Mond wieder aus dem Erdschatten heraus. Zunächst leuchtet ein ganz kleines Stückchen Mondes hell auf, der Rest folgt rasch und stetig. Besonders im Fernrohr ist dieser Fortschritt atemberaubend mitzuerleben.

Damit die Menschen heutzutage nicht in Panik verfallen, werden Mondfinsternisse in der Presse angekündigt. In astronomischen Jahrbüchern (z.B. „Das Kosmos-Himmelsjahr") sind Finsternisse ebenfalls verzeichnet, so dass man sich langfristig darauf vorbereiten kann – zum Beispiel mit einem Mondfinsternis-Fest, bei dem die Kinder zusammen mit ihren Eltern das Himmelsspektakel erleben.

Eine totale Mondfinsternis tritt etwa alle zwei bis sechs Jahre auf, also relativ häufig. Sie entsteht, wenn der Vollmond auf seiner Bahn um die Erde durch den von der Erde geworfenen Schatten läuft. Plötzlich liegt das leuchtende Gesicht des Mondes also nicht mehr im strahlenden Sonnenlicht, die Erde steht dazwischen. Nun wird der Mond aber nicht völlig schwarz und unsichtbar, sondern das von der Erdatmosphäre gebrochene und „um die Ecke" gelenkte Sonnenlicht erreicht mit rötlichem Schein den Mond, der dann eine blutgetränkte Farbe annimmt.

Verständlich, dass den früheren Völkern angst und bange wurde, vor allem, weil sie ein derartiges Erlebnis völlig unvorbereitet traf. Je nach ihrer Kultur versuchten sie entweder, das den Mond fressende Gespenst mit viel Krach zu vertreiben, oder mit Gebeten den Beistand der

Sonnenfinsternis

Wesentlich spektakulärer wie eine Mondfinsternis ist eine Sonnenfinsternis, aber leider auch viel seltener. Alle paar Jahrzehnte kommt es in Deutschland zu einer partiellen, alle paar Jahrhunderte zu einer totalen Sonnenfinsternis.

Bei einer Sonnenfinsternis schiebt sich der Mond auf seiner Bahn zwischen Erde und Sonne. Nun ist der Mond zwar millionenfach kleiner als die Sonne, aber genau so viel näher, dass sein Durchmesser am Himmel etwa gleich dem der Sonne ist.

Bei einer partiellen Sonnenfinsternis bedeckt der Mond einen Teil der Sonnenscheibe – die Sonne sieht aus wie ein angebissener Keks oder wie eine Sichel (je nach Bedeckungsgrad). Statt einer kreisrunden Scheibe eine Sichel als Sonne am Himmel zu sehen, das ist schon beeindruckend. Man darf allerdings nie mit dem ungeschützten Auge direkt in die Sonne schauen, auch nicht in eine teilverfinsterte.

Anlässlich von Sonnenfinsternissen hält der Fachhandel Schutzbrillen vorrätig (um die man sich erfahrungsgemäß rechtzeitig kümmern sollte). Eine andere Möglichkeit ist die im Kapitel über die Sonne bereits beschriebene Projektionsmethode. Die Kinder zeichnen die unterschiedlichen Bedeckungsphasen auf den Blättern des Zeichenblocks (mit Uhrzeitangabe) nach – und haben ein schönes Andenken. Zu den beeindruckendsten Himmelsphänomenen überhaupt gehört freilich eine totale Sonnenfinsternis. Bis die nächste in Deutschland zu sehen sein wird, vergeht noch so viel Zeit, dass gewiss niemand mehr das vorliegende Buch zur Hand nimmt: 2081 im äußersten Süden von Deutschland, 2135 in Hamburg und Berlin. Für Erzieher/innen, Eltern und Lehrer/innen möge deswegen ein Ferientrip genügen – eine totale Sonnenfinsternis ist allemal ein Reiseziel, wenn auch andere Urlaubsaktivitäten damit verbunden werden können.

Bei einer totalen Sonnenfinsternis fällt der Schatten des Mondes auf die Erde – allerdings misst der Kernschatten nur ungefähr 100 Kilometer im Durchmesser. In seinem Bereich wird die Sonne für wenige Minuten vollständig verdeckt, es wird schlagartig dunkel mitten am Tag, glühende Gase in der Sonnenatmosphäre („Korona") und Materialausbrüche aus der Sonne („Protuberanzen") werden sichtbar, Sterne leuchten auf. Über die Phänomene einer totalen Sonnenfinsternis wurde im Umfeld der letzten in Deutschland sichtbaren am 11. August 1999 ausführlich berichtet. Bebilderte Bücher dazu sind noch immer erhältlich, zumindest in Bibliotheken ausleihbar.

Die Sterne

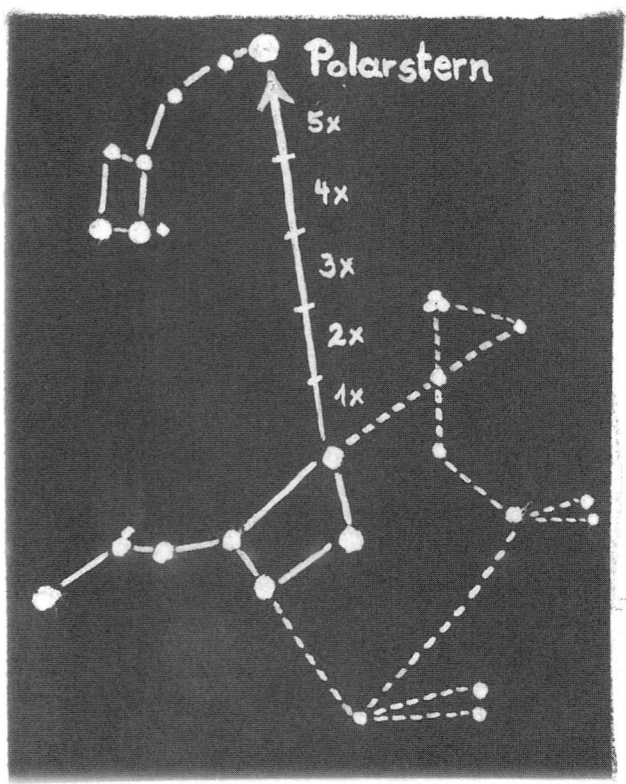

In klaren Nächten und ungestört von einem hellen Mond, von künstlichen Lichtquellen oder Dunst können wir 2000 Sterne mit bloßem Auge erkennen. Schon mit einem gewöhnlichen Fernglas mit 50 mm Öffnung (= Durchmesser der vorderen Linsen) wächst diese Zahl auf mehrere Zehntausend an. Unsere Heimatgalaxie, die „Milchstraße", umfasst sogar 200 Milliarden Sterne. Richtet man ein Fernglas oder Teleskop auf jenes silbrig schimmernde Band am Himmel, erscheint ein funkelndes Gewebe aus zigtausenden Sternen. Andere Galaxien haben ähnlich viele Sterne – die Forscher vermuten heute, dass es im riesig großen Weltall etwa 100 Milliarden Galaxien mit je etwa 100 Milliarden Sternen gibt!

Jedes Sternebobachten beginnt mit einigen Minuten stillem Genuss der Himmelslichter. Danach lohnt es, etwas Ordnung in das funkelnde Wirrwarr zu bringen, denn dann lässt sich in den Himmelszeichen lesen. Als Erstes suchen wir nach Orientierung und das ist am Himmel ganz einfach. Im Norden stehen nämlich immer die gleichen Sternbilder und ein besonderer Stern steht sozusagen in der Mitte des großen Himmelsrades, mit dem sich alles dreht: Senkrecht über dem Nordpol der Erde findet sich der Polarstern. Von unseren Breiten aus zeigt er also zuverlässig die Nordrichtung an. Man findet den Polarstern mit Hilfe eines sehr bekannten und leicht aufzufindenden Sternbildes, dem großen Wagen.

Aus der hinteren Wagenwand heraus verlängert führt eine Linie fünfmal so lang wie die Wagenwand direkt zum Polarstern. Der Polarstern selbst ist etwa genauso hell wie die Sterne des großen Wagens, steht aber für sich recht allein.

Es sind nur deutlich schwächere Sterne in seiner Nähe, so ist er kaum zu verwechseln.

In einem Kreis um den Polarstern herum befinden sich die „Zirkumpolarsternbilder". Sie kreisen im Laufe der Nacht und im Laufe der Jahreszeiten immer um ihren Mittelpunkt – den Polarstern. So zeigen sich in nördlicher Richtung immer die gleichen Sternbilder. Sie gehen niemals unter, verändern im Laufe der Nacht und im Jahreslauf aber ihre Stellung am Himmel. Mal stehen sie hoch über dem Polarstern fast im Zenit (der höchste Punkt am Himmel genau senkrecht über unserem Kopf), mal auf halber Höhe rechts oder links vom Polarstern, mal tief darunter nahe dem Horizont.

Zur feinen Gesellschaft der Zirkumpolarsternbilder gehören der große und kleine Wagen (bzw. große und kleine Bärin), Cassiopeia, außerdem noch Kepheus und der Drache. Die

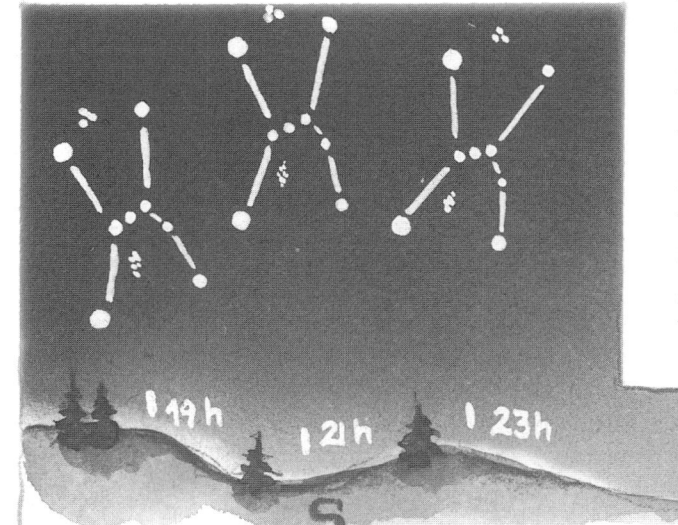

letzten beiden sind aber nur in sehr klaren Nächten und mit etwas Übung zu finden.

Gegenüber dem Polarstern, in der anderen Himmelsrichtung, liegt Süden. Dort finden sich zur „üblichen Beobachtungszeit", also abends gegen 22 Uhr MEZ, die für die Jahreszeit typischen Sternbilder. Auf ihrer jährlichen Bahn um die Sonne bietet uns die Nachtseite der Erde nämlich zu jeder Zeit des Jahres einen anderen Ausblick in die Tiefe des Alls. So gibt es einen Frühlings-, einen Sommer-, einen Herbst- und einen Wintersternhimmel. Die jeweiligen Sternbilder erreichen im Süden, so wie Sonne und Mond, ihren höchsten Stand am Himmel und erscheinen dort in ihrer vollen Pracht. Wer für zwei, drei Stunden den Sternenhimmel beobachtet, stellt fest wie die Sterne im Süden sich langsam weiter nach Westen bewegen und gleichzeitig von Ostern her neue Sternbilder den Südhimmel erreichen. In majestätischer Stille gleitet in jeder Nacht Sternbild für Sternbild über den Himmel.

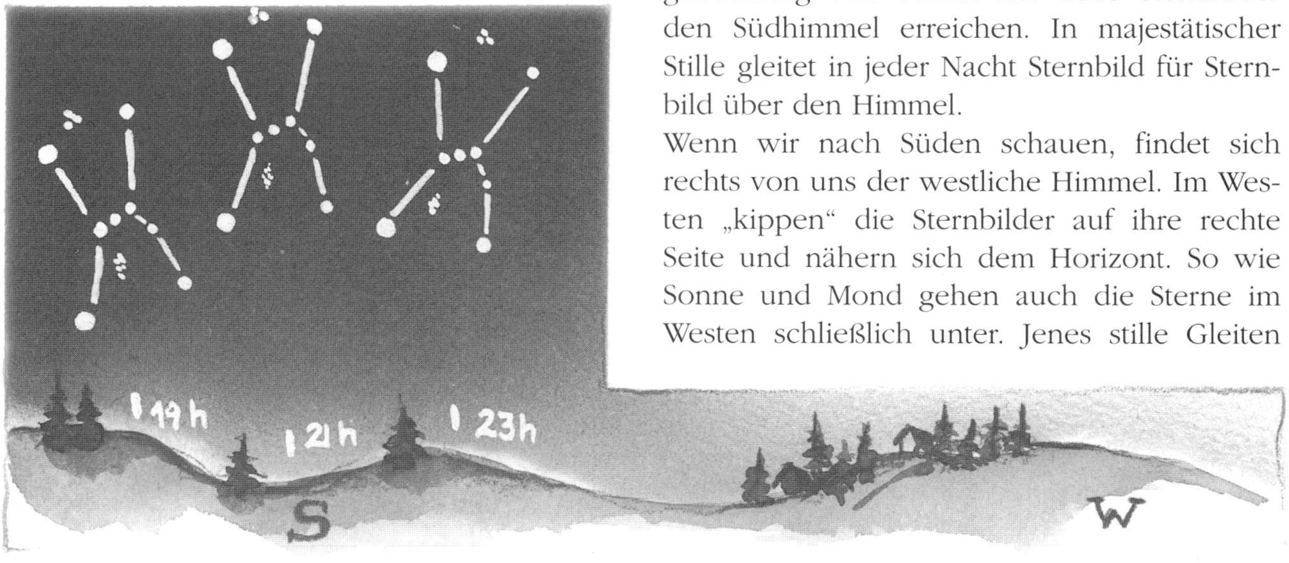

Wenn wir nach Süden schauen, findet sich rechts von uns der westliche Himmel. Im Westen „kippen" die Sternbilder auf ihre rechte Seite und nähern sich dem Horizont. So wie Sonne und Mond gehen auch die Sterne im Westen schließlich unter. Jenes stille Gleiten

der Sternbilder entsteht durch die Drehung der Erde um sich selbst einmal in 24 Stunden.

Zugleich bietet der westliche Sternenhimmel einen Blick auf die Sternbilder der vergangenen Jahreszeit, im Winter also die Sternbilder des Herbstes.

Links vom südlichen Himmel liegt der Osten. Im Osten gehen Stunde für Stunde neue Sternbilder auf, um sich auf ihren Weg durch die Himmelsbahn zu machen – Stunden später werden sie im Süden kulminieren und noch viel später im Westen untergehen. Wenn sie über den östlichen Horizont lugen, sind die Sternbilder auf ihre linke Seite gekippt.

Außerdem öffnet der östliche Himmel einen Blick auf die Sternbilder der zukünftigen Jahreszeit, im Winter also die des Frühlings. In der dunkelsten, kältesten Jahreszeit vermitteln sie eine Ahnung vom kommenden Glück lauer Mainächte.

Eulalia, die Sternenträumerin

Eulalia liegt in einem „Sternenbett" aus beklebtem Schuhkarton ohne Deckel, z.B. mit Goldsternen auf dunkelblauem oder schwarzem Buntpapier. Sie hat ein dunkelblaues Seidentuch o. Ä. zum Zudecken.

Heute wollen die Kinder Eulalia besuchen. Doch als sie zu ihr nach Hause kommen, schläft Eulalia immer noch tief und fest, obwohl es schon spät am Vormittag ist. Erst nach längerem Rufen wacht Eulalia endlich, aber immer noch ganz schläfrig, auf.

Sie fragt die Kinder, warum sie sie geweckt haben, wo sie doch gerade so schön am träumen – nein am reisen war.

Die Kinder möchten wissen, wo Eulalia war, doch Eulalia ist noch etwas verwirrt. Sie berichtet, dass ihr von der Reise noch immer schwindelig ist, und dass sie tausende von Lichtern gesehen hat.

Als Eulalia wieder so richtig zu sich gekommen ist, behauptet sie doch, sie sei in der Milchstraße gewesen.

Das kann doch jeder sagen, denn wir sind mit der Sonne und der Erde auch ein Teil von der Milchstraße.

Sternfotos anschauen

Material: Bücher aus der Bibliothek mit schönen Weltraumfotos, evtl. Diaserie aus der Kreisbildstelle oder Bilder aus dem Internet, z. B.:
http://oposite.stsci.edu/pubinfo/pictures.html
http://www.maa.mhn.de/Messier/dt_messier.html
http://www.spu.edu/~ddowning/astr/
hubblepic.html
Alter: ab 4 Jahren

Gemeinsam mit Eulalia betrachten und genießen die Kinder die aufregend schönen Fotos des Weltalls: Bilder von Sternhaufen, von leuchtenden Gasnebeln, von fernen Galaxien... Eulalia erzählt, was sie bei ihrer Reise durch die Milchstraße alles gesehen hat und erklärt die Bilder.
In den meisten Bildbänden finden sich gute Erklärungen zu den Fotos.

Sterne beobachten

Im Jahreslauf ziehen verschiedene Sternbildgruppen über den Himmel. Ein Sternenabend in jeder Jahreszeit vermittelt den Fluss der Zeit – der Sternenhimmel hat sich weitergedreht, die Planeten sind weitergezogen. Die Kinder werden mit den Sternbildern und mit den Phänomenen der Zeit, mit „Gegenwart", „Vergangenheit", „Zukunft" und „Ewigkeit" auf anschauliche Weise vertraut. Für die Leitung eines Sternabends braucht man nicht mehr Grundkenntnisse, als hier im Buch vermittelt werden. Spezialwissen ist Sache eines extra eingeladenen Amateurastronomen.
In jeder Gegend in Deutschland gibt es Amateurastronomen. Viele davon sind interessante Charaktertypen (wer beschäftigt sich sonst

schon mit den Sternen...) und freuen sich, ihr Wissen und ihre Freude an den Sternen mit anderen zu teilen. Wenn rechtzeitig angesprochen, werden sie gerne zum Sternabend kommen, Fernrohre aufbauen und Erklärungen geben. Wichtig ist, vorher die Rollen zu klären, damit die Begeisterung des Astronomen für weiße Zwerge, schwarze Löcher und Millionen Lichtjahre die Kinder nicht überfordert. Er zeigt mit dem Fernrohr drei bis fünf Highlights (schöne Sternhaufen, Planeten – unbedingt Saturn mit seinen Ringen, evtl. einen schönen hellen Stern wie Wega), nicht mehr! Er hat 30 Minuten für Erklärungen, nicht mehr! Und die Eltern dürfen ihn mit all ihren Fragen löchern – hinterher, wenn der offizielle Teil vorüber ist. Dann darf er auch die „geheimen Stellen" des Nachthimmels in seinem Fernrohr zeigen.

Material: in jeder Jahreszeit warme Kleidung, ein paar Decken und Thermoskannen mit heißem Getränk, Sternkarten, Ferngläser und Teleskope, Taschenlampen, rote Abblendungen (z. B. aus Transparentpapier) für die Taschenlampen, das „Kosmos-Himmelsjahr" oder ein ähnliches Sternen-Jahrbuch
Alter: ab 5 Jahren

Zur Vorbereitung auf den Sternenabend einen geeigneten Platz zum Sternegucken aussuchen: abgelegen von künstlichem Licht, am besten etwas höher gelegen, natürlich mit rundherum freiem Blick auf den Himmel, ohne Gefahrenquellen wie Stacheldrahtzaun, Löcher oder Felsabstürze. Wichtig ist ein Treffpunkt in der Nähe zum Abstellen von Autos oder zur Anreise mit dem ÖPNV. (An- und Abfahrtszeiten recherchieren!)
Die Eltern erhalten rechtzeitig eine Einladung zum Sternenabend mit Termin und Wegbeschreibung zum Treffpunkt. Natürlich wird ein

Ersatztermin genannt, falls der Himmel bedeckt sein sollte, sowie die Telefonnummer der Spielleitung, weil sie bei unsicherem Wetter die Entscheidung trifft. (Den Hobbyastronomen ebenfalls in Kenntnis setzen!)

Die Ausrüstungsliste, besonders der Hinweis auf warme Kleidung und Getränke, darf nicht fehlen. Das Sternegucken findet ja nachts statt und ist kein Bewegungssport – es wird also kalt!

Der Sternenabend beginnt mit dem Einfinden am Treffpunkt. Von dort gibt es eine kurze Wanderung zum eigentlichen Sternenplatz.

Dort angekommen stellen sich alle im Kreis auf und schauen erst einfach nur in den Himmel. Nach ein paar stillen Minuten dürfen sich alle einen Stern aussuchen und ihm einen Namen geben.

An den Händen gefasst und den Blick immer noch nach oben in die Weite gerichtet, begrüßt die Gruppe die Sterne: mit einem Sternenlied oder einfach einem gemeinsam angestimmten Ton, der eine Weile gehalten wird.

Danach gilt der erste Blick dem Großen Wagen bzw. der Großen Bärin. Sie findet sich immer am Nordhimmel und zeigt den Weg zum Polarstern. Eine Taschenlampe mit starkem, gebündelten Strahl dient als Zeiger auf die Sterne – in der Luft ist fast immer genug Dunst, um den langen Leuchtfinger zu erkennen.

Zur Großen Bärin gibt es zwei Geschichten (s. S. 57 ff), die wahlweise erzählt werden. (Sternensagen können nachts übrigens nicht vom Blatt abgelesen werden – sie werden daher frei und lebendig wiedergegeben!)

Weitere Entdeckungen am Sternenhimmel der verschiedenen Jahreszeiten sind unter „Der Sternenhimmel" (S. 60 ff) beschrieben.

Neben den Sternen gibt es noch andere Lichter am Sternenhimmel – die Planeten (sie werden in einem eigenen Kapitel behandelt), Sternschnuppen, Kometen und Satelliten (auch für diese himmlischen Stromer gibt es eigene Kapitel). Im Süden Deutschlands sehr selten, im Norden etwas häufiger gibt es Polarlichter zu sehen, die von feuerscheinartigem Rot am nördlichen Horizont bis hin zu türkisfarbigen Lichtvorhängen hoch am Nordhimmel ganz verschiedene Formen annehmen können.

Mit einem Sternenlied oder wiederum mit einem gemeinsam angestimmten Ton, der eine Weile gehalten wird, verabschiedet sich die Gruppe von den nächtlichen Lichtern.

Umgang mit der Sternkarte

Wer anderen den Sternenhimmel zeigt, sollte mit einer Sternkarte umgehen können. Heute stehen grundsätzlich zwei drehbare Modelle und viele Karten in Büchern und Zeitungen zur Verfügung. Da eine drehbare Sternkarte nicht viel kostet (ca. DM 25,–), dafür aber ein Menschenleben lang hält, lohnt die Anschaffung allemal.

Nachtleuchtende Sternkarten sind übrigens ungeeignet – sie blenden. Besser ist es, die Sternkarte mit einer rot abgeblendeten Taschenlampe zu beleuchten – das rote Licht blendet nämlich nicht die Schwarz-Weiß-Sinneszellen in unserem Auge, mit denen wir das schwache Sternenlicht wahrnehmen!

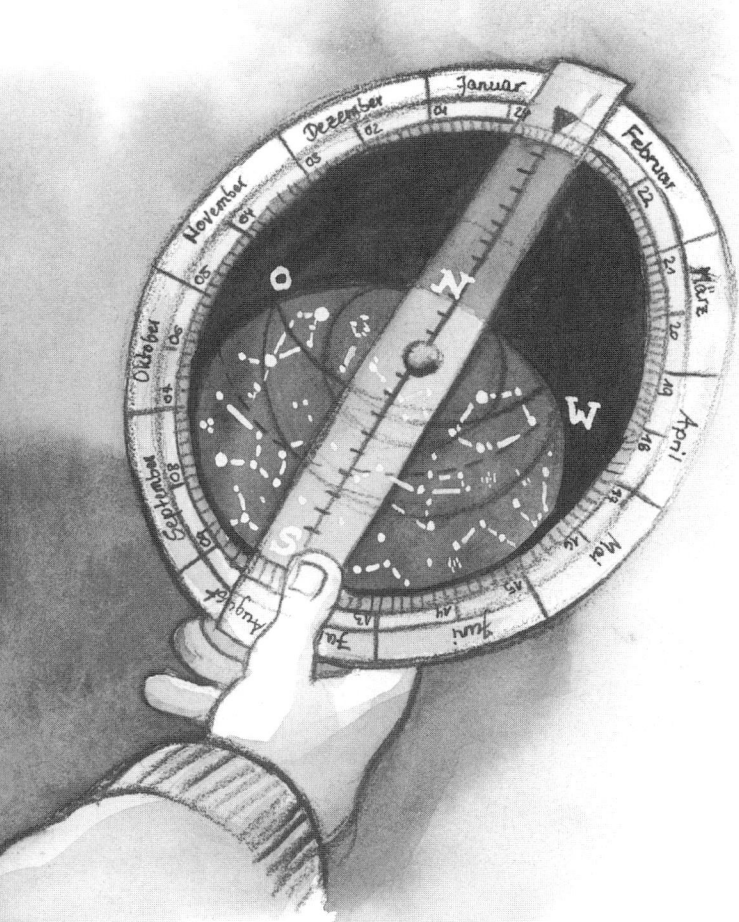

Die drehbare Sternkarte

Die drehbare Sternkarte mit elliptischem Ausschnitt ist die häufigere. Sie wird mit Anleitung geliefert, einige einleitende Hinweise hier:
Der elliptische Ausschnitt in der Mitte zeigt den aktuellen Sternenhimmel, die Sterne jenseits davon stehen jeweils unter dem Horizont und sind unsichtbar. Der aktuelle Sternhimmel wird eingestellt, in dem die Uhrzeitskala auf dem oberen Blatt mit der Datumsskala auf dem unteren Blatt in Übereinstimmung gebracht wird: zum Beispiel 20 Uhr auf den 14. Januar – dann zeigt der Ausschnitt den Himmel am 14. Januar um 20 Uhr.
Der elliptische Ausschnitt ist ein plattgedrücktes Abbild des sich über uns aufspannenden Himmelsgewölbes. Der „Nagel" in der Sternkarte symbolisiert den Polarstern, um den sich alles dreht, der Rand des Ausschnittes den Horizont rings um uns herum.

Der Ausschnitt ist mit den Himmelsrichtungen beschriftet – wir halten die Karte mit der jeweils betrachteten Himmelsrichtung zu unserem Bauchnabel, dann ist die Lage der Sternbilder korrekt wiedergegeben. Die Verzerrung der Himmels-Halbkugel auf eine Fläche macht sich allerdings stark bemerkbar, besonders bei den tief im Süden stehenden Sternbildern. Außerdem ist die Handhabung der Karte in den verschiedenen Himmelsrichtungen etwas umständlich.

Die zweigeteilte „Welt-Sternkarte"

Einfacher zu handhaben ist die zweigeteilte „Welt-Sternkarte".

Sie hat einen Teil mit dem heimischen Horizont (auf dem oberen Deckblatt „oben") und einen zweiten („unten"), auf dem Horizonte bis hin zum Äquator simuliert werden können. Die Bedienung des „Welt-Teils" ist in der jeweils beiliegenden Anleitung dokumentiert, hier interessiert nur der heimische Horizont.

Auch hier gilt es, die aktuelle Uhrzeit (beim heimischen Horizont) auf der oberen Scheibe mit dem aktuellen Datum auf der unteren zusammenzubringen. Die Karte bildet dann den aktuellen Sternenhimmel am Ost-, Süd- und Westhorizont ziemlich realistisch ab, ohne dass man sie umständlich in eine bestimmte Richtung halten müsste. Auch die Verzerrung der Sternbilder ist minimal. Der Richtung Norden liegende Sternenhimmel ist hier allerdings nicht wiedergegeben – er ist schematisch auf der Rückseite dargestellt. Anhand der Stellung des großen Wagens kann man die Karte beim Norden dann so halten, dass sie der aktuellen Konstellation entspricht.

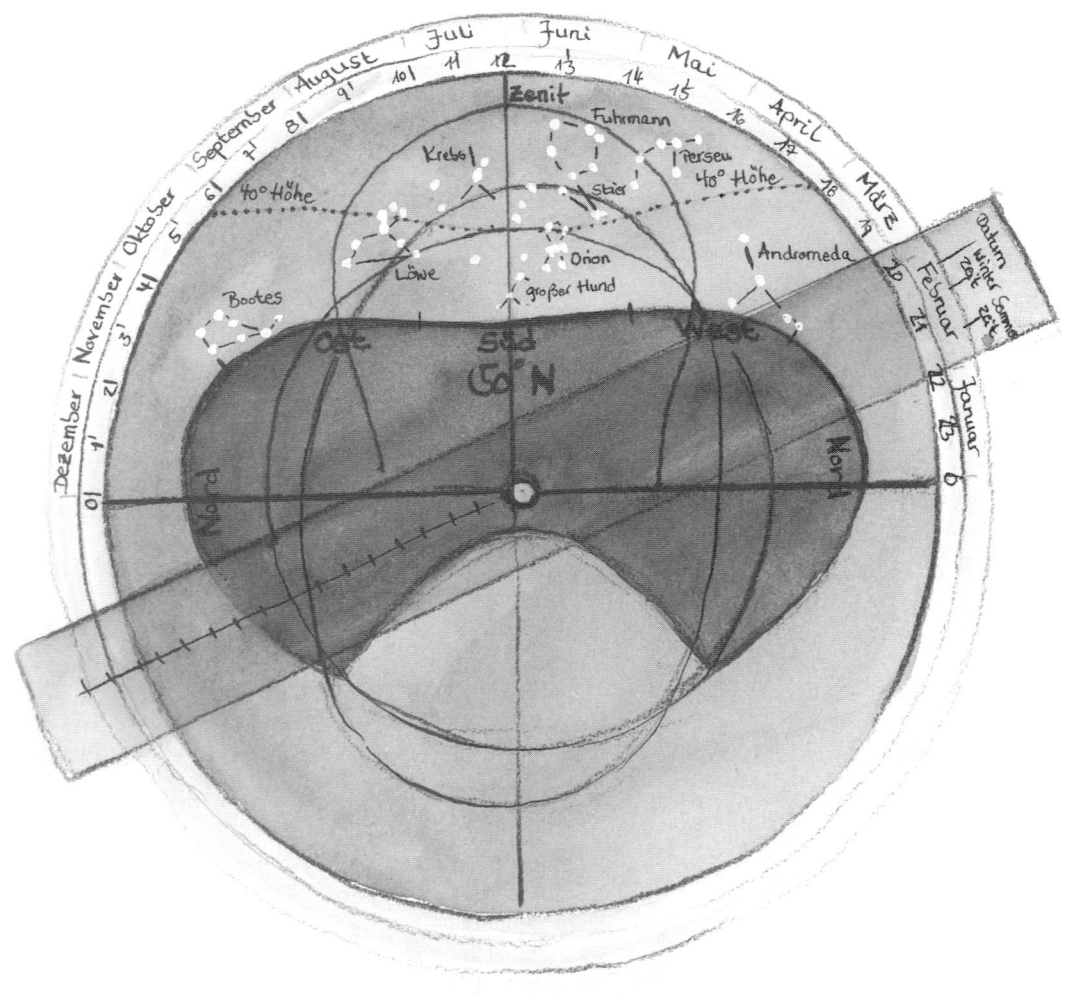

Die Sternsage von der Großen Bärin

Ist euch schon aufgefallen, dass die Bärin am Himmel einen ganz langen Schwanz hat? In Wirklichkeit haben Bären ja nur einen kurzen Stummelschwanz – wie kommt die Bärin also zu dem langen Schwanz? Das kam so...

Vor viertausend Jahren, da war die Bärin noch gar keine Bärin, sondern eine junge Menschenfrau, ein Mädchen, das hieß Callisto. Und weil Callisto die Tiere so gern hatte, nahm die griechische Göttin Artemis das Mädchen in ihren heiligen Dienst auf – Artemis war so etwas wie eine Naturschutzgöttin. Sie sorgte dafür, dass die Tiere im Wald immer genug zu Fressen fanden, dass sie Heilung finden konnten bei Krankheit oder Verletzung, dass immer genug Früchte an den Bäumen waren und Blumen in den Wiesen blühen konnten. Sie brauchte Hilfe dazu, denn diese Aufgabe bedeutete, ihr könnt es euch denken, viel, viel Arbeit.

Damit die Helferinnen auch mit ganzem Herzen bei der Sache waren, nahm Artemis jedem Mädchen, das in ihre Dienste trat, ein Gelübde ab: sich nicht zu verlieben, solange sie sich bei Artemis verpflichtet hatten.

Für Callisto war das nicht schwer, noch nie hatte sie sich für einen jungen Mann interessiert. Sie trat also ein in die Allianz der Artemis und wurde eine Nymphe.

Nun habe ich aber gar nicht gesagt, dass Callisto ein wirklich schönes Mädchen war – schlank und zierlich, mit langem Haar und leuchtenden Augen und einem Lächeln, das selbst Steine erweichte. Das blieb dem obersten aller Götter, dem Zeus, nicht verborgen. Und weil der ein rechter Frauenheld war, versuchte er alsbald, sich an die junge schöne Callisto heranzumachen – obwohl sie ein Gelübde hatte. Callisto ließ das Werben des Zeus denn auch kalt, sie ließ den eifrigen Gott einfach stehen, wenn er in ihre Nähe kam.

So wandte der alte Gott eine List an und verwandelte sich in einen schönen Jüngling, der immer wieder unermüdlich um Callisto warb: Er machte Komplimente und Geschenke, tat witzig, geistreich und klug – und das war es schließlich, was Callistos Herz erreichte. Sie gab sich dem verwandelten Zeus in Liebe hin.

Das hatte Folgen – Callisto wurde schwanger von der Liebe des Zeus. Beim Bad im Fluss entdeckte Artemis nach einigen Monaten dann den gewölbten Bauch der Callisto und stellte sie zur Rede.

Callisto gab zu, auf Zeus hereingefallen zu sein, sie hatte ihr Gelübde also gebrochen. Artemis war böse und warf das Mädchen aus dem Dienst.

So bekam Hera Wind davon – die Ehefrau des Göttervaters Zeus. Und wie das oft so ist, die Hera zürnte nicht ihrem Mann, sondern dem Mädchen, dem Zeus nachgestellt hatte. Solange das Kind noch nicht geboren war, stand es aber unter Schutz, und die Göttergattin konnte Callisto nichts anhaben.

Neun Monate nach dem Zusammentreffen mit Zeus brachte Callisto das Kind zur Welt – es war ein Junge und sie nannte ihn Arktur. Arktur wurde sogleich zu Pflegeeltern gegeben und dann vollzog Hera ihre Rache: Sie verwandelte Callisto in eine Bärin. Fortan musste sie mit menschlichem Bewusstsein in einem Tierkörper durch die Wälder streifen. Arktur hatte gute Pflegeeltern gefunden und wuchs zu einem kräftigen jungen Mann he-

ran. Als er 16 Jahre alt war, sollte er einen Beruf lernen und die Pflegeeltern verlassen. Arktur entschied sich für das Jägerhandwerk und ging zu einem erfahrenen Jäger in die Schulung. Zum Abschluss seiner Lehrzeit sollte Arktur dann ein großes Tier erjagen – sein Gesellenstück sozusagen. Arktur nahm also einen starken Speer und zog in den Wald. Wie es das Schicksal will, trifft er im Wald alsbald auf eine Bärin – seine Mutter! Er weiß es jedoch nicht und lauert dem Brummtier auf. Als er gerade mit seinem Speer ausholt und mit aller Kraft zustechen will, da greift Zeus, der Göttervater ein. Er will den Muttermord verhindern und packt mit großer starker Hand die Bärin am Stummelschwanz, zieht sie aus der Gefahr und schleudert sie mit einem großen Schwung hoch an den Himmel *(kraftvollen Schwung mit der Hand und dem ganzen Körper nachahmen)*, wo sie heute noch zu sehen ist. Bei der Gelegenheit ist wohl der Schwanz auch etwas in die Länge geraten, wie ebenfalls gut zu sehen ist.

Den gemeinsamen Sohn Arktur hat er dann gleich mit an den Himmel versetzt und noch immer setzt er ihr nach: Die Bärin flieht und ihr Schwanz zeigt genau auf Arktur, jenen hellen gelblichen Stern im Sternbild Bootes – der Bärenhüter. *(Mit der Taschenlampe als Leuchtfinger den Schwanz der Bärin mitsamt Krümmung nach hinten verlängern und auf Arktur zeigen.)*

Nun war Hera aber nochmals eifersüchtig, als sie ihre Rivalin am Himmel leuchten sah – so hat sie noch einen bösen Zauber eingewoben. All die Helden des Sternenhimmels dürfen im Westen ein Bad im großen Weltenozean nehmen, wenn sie auf der Himmelsbühne ihre Abenteuer vorgeführt haben. Nur Callisto, die Arme, wird wieder hinauf an den Himmel geführt, sobald ihre Füße auch nur nahe an den Ozean kommen – schon seit viertausend Jahren darf sie nicht baden. Nacht für Nacht und Jahr für Jahr zieht sie ihre ruhelosen Runden am nördlichen Himmel.

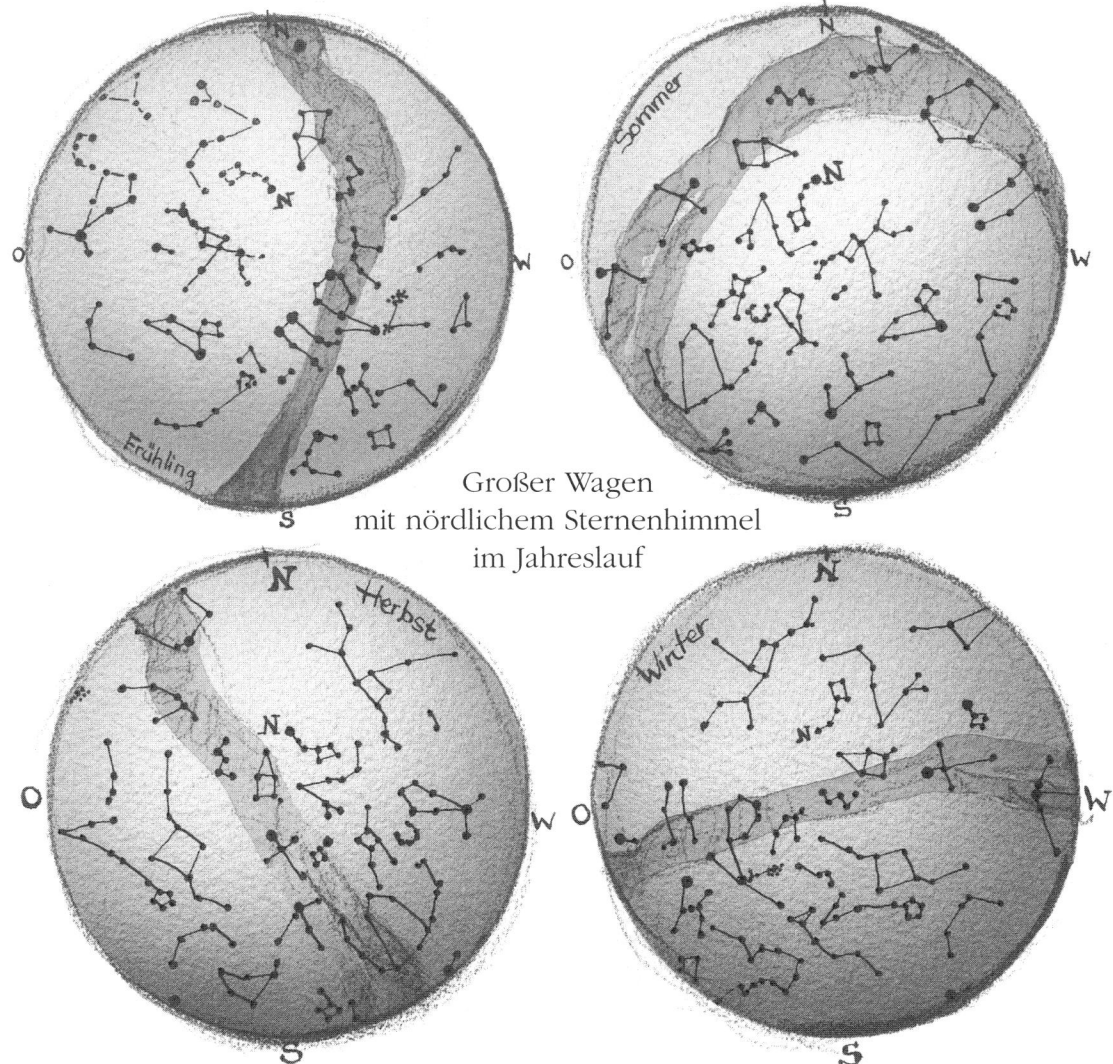

Großer Wagen
mit nördlichem Sternenhimmel
im Jahreslauf

Die Sternsage vom Schöpfen und Gießen des Lebenswassers

Eine andere Deutung des Sternbilds der Großen Bärin kommt von den nordamerikanischen Indianern. Sie ist für einen anderen Sternenabend gedacht, denn zwei Geschichten über das gleiche Sternbild sollten nicht an einem Abend erzählt werden.

„Bei den Indianern ist der Wagen eine Schöpfkelle – the Big Dipper. Das fällt unmittelbar ins Auge. Es handelt sich jedoch nicht um eine Suppenschöpfkelle, sondern um ein Gerät aus der heiligen Schwitzhüttenzeremonie – das ist eine Art ritueller Sauna im Leder-Iglu. Dort wird Wasser auf glühend heiße Steine gegossen. Die Schöpfkelle am Himmel gießt das Wasser des Lebens über die Erde aus – und zwar immer im Frühling, wenn sie kopfüber am Himmel steht (zur abendlichen Beobachtungszeit). Im Herbst sammelt sie das Lebenswasser hingegen wieder ein – dann steht sie unten am Horizont und schöpft neu."

Wer genau beobachtet, der weiß – tatsächlich vollzieht die Kelle ihre Bewegung auch jeden Tag.

Der Sternenhimmel

Der Frühlings-Sternenhimmel

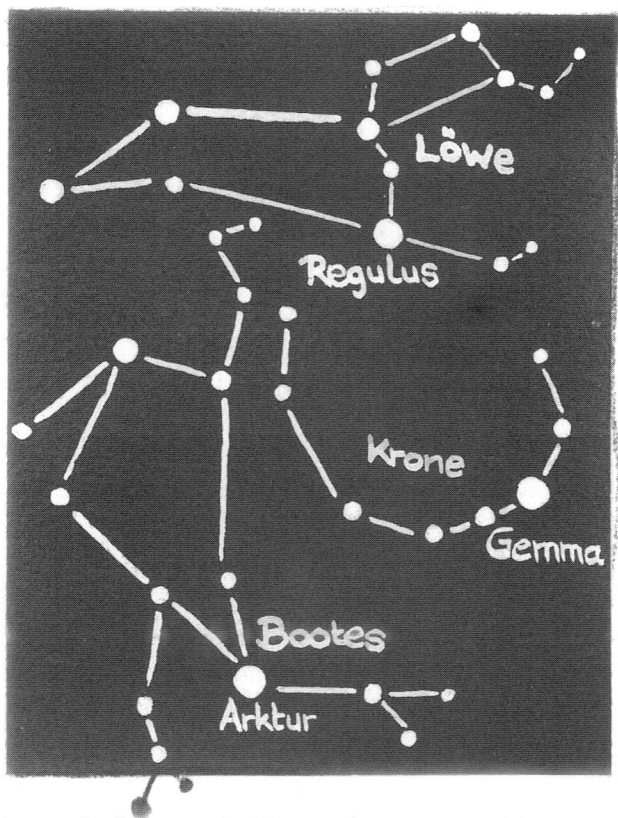

Zwei helle Sternbilder stehen im Frühling am Südhimmel – im zeitigen Frühjahr der Löwe, später dann der Bärenhüter.

Das Erscheinen des Löwen im Süden kündigt das Ende der kalten Nächte an. Die ersten sonnendurchwärmten Tage geben schon eine Ahnung vom heraufziehenden Glück des Sommerhalbjahres. Der Löwe ist einfach zu finden, steht er doch im März und April nahezu für sich allein strahlend im Süden.

Die hellen Sterne ergeben eine markante Figur, die von Kindern oft auch als „Maus" gedeutet wird.

Der hellste Stern im Löwen heißt REGULUS.

Der Mai wird dann schon vom Bärenhüter (oder Bootes) im Süden beherrscht. Der helle Stern ARKTUR macht das Auffinden einfach, steht er doch in exakter Verlängerung der Schwanzkrümmung der Großen Bärin. Der Bärenhüter erinnert an die Form eines Kinderdrachens. Unmittelbar links davon findet sich wie eine Schale das Sternbild Krone mit dem hell funkelnden Stern GEMMA, dem „Edelstein".

Im Westen finden sich die hellen Berühmtheiten des Wintersternhimmels, im Osten kündigt sich der Sommerhimmel an. Im Norden gießt der „Dipper" das Wasser des Lebens über die Erde, hoch oben steht er kopfüber oberhalb vom Polarstern.

Der Sommer-Sternenhimmel

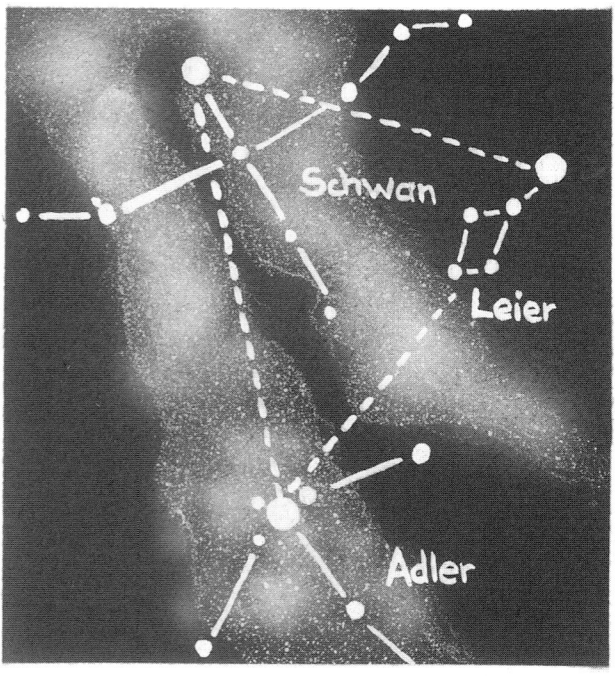

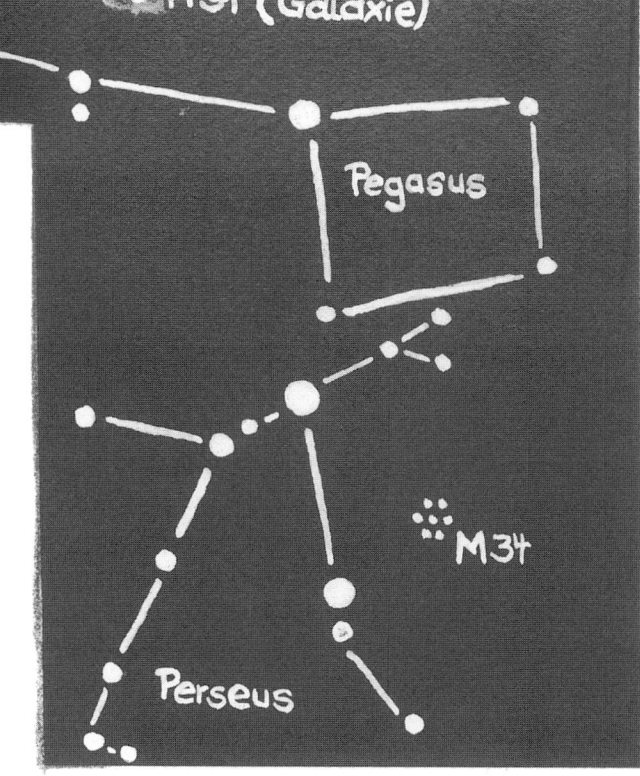

Im Juni und Juli wird es spätabends erst dunkel, der August eignet sich schon besser zum Sternegucken, auch wegen der vielen Sternschnuppen in den warmen Nächten und der jetzt schon gut sichtbaren Milchstraße.

Hoch am Himmel steht dann das Sommerdreieck, das selbst aus einer hellerleuchteten Stadt noch auffällt. Es besteht aus ATAIR im Sternbild Adler, DENEB im Schwan und der hellen WEGA (in der Leier), bläulich leuchtend hoch im Zenit.

Das Sternbild Leier ist klein und markant: Die kleine Raute unterhalb von WEGA sowie das Sternchen neben ihr gehören dazu. Auch der Adler hat eine typische Form, obgleich etwas schwerer zu erkennen, weil das Bild tiefer am Horizont steht und schon mal im Dunst verschwindet: ATAIR ist das Herz des Adlers, etwas oberhalb und unterhalb davon beginnen mit kleinen Sternchen die beiden Flügel, wobei der obere etwas angezogen ist. Nach rechts unten verläuft der Körper mit dem Schwanz des Adlers.

Den Flügel zieht der Adler deshalb ein, weil ihm frontal der Schwan entgegen kommt. Der Schwan entfaltet seine kurzen Flügel und seinen langen Hals inmitten der Milchstraße. Am besten erkennt man das Bild als ein Christenkreuz mit DENEB an der Spitze. Als Schwan bildet DENEB aber den Schwanz, der Querbalken die Flügel und nach unten streckt sich der lange Schwanenhals – direkt auf den Adler zu.

Im Sommer machen sich im Westen die Frühlingshelden von der Bühne, im Osten droht schon der Herbststernhimmel. Im Norden klettert Cassiopeia rechts vom Polarstern höher, während sich der Große Wagen links davon auf seinen Weg nach unten in die Herbststellung macht.

Der Herbst-Sternenhimmel

Das Schönste am Herbststernhimmel sind die sehr klaren Nächte mit einer hell leuchtenden Milchstraße und strahlendem Mondschein. In keiner anderen Jahreszeit zieht sich das zarte Silberband unserer Heimatgalaxie so hoch über den Himmel. Dazu kommt die Wetterlage, die uns im späten September und Oktober zwar diesige Tage, zugleich aber einen außergewöhnlich durchsichtigen Nachthimmel beschert.

Die Sternbilder im Süden sind hingegen eher unspektakulär: Pegasus, das auf dem Rücken fliegende Pferd, bildet ein großes Viereck (das „Herbstviereck") aus schwachen Sternen. Es fällt dennoch auf, da sonst wenig zu sehen ist. Allenfalls Perseus (das „Y") hoch am Himmel steckt ein paar Glanzlichter auf. Andromeda ist als Sternbild unscheinbar – doch ist hier ein kleiner „Nebelfleck" versteckt, der in sehr großen Teleskopen sein Wesen offenbart: Es sind 200 Milliarden Sterne, unsere Nachbargalaxie. Im Fernglas sieht man ein verwischtes Leuchten.

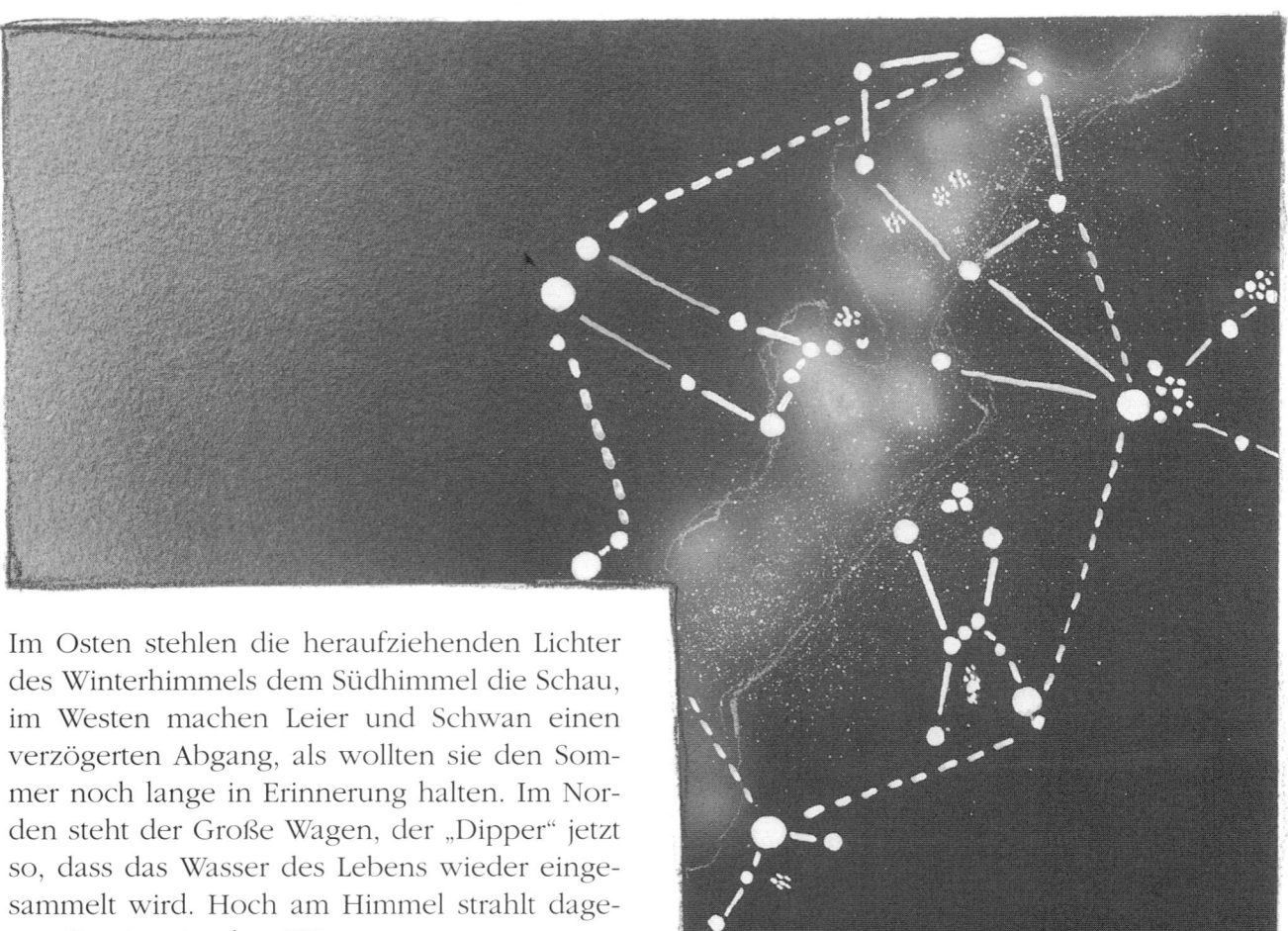

Im Osten stehlen die heraufziehenden Lichter des Winterhimmels dem Südhimmel die Schau, im Westen machen Leier und Schwan einen verzögerten Abgang, als wollten sie den Sommer noch lange in Erinnerung halten. Im Norden steht der Große Wagen, der „Dipper" jetzt so, dass das Wasser des Lebens wieder eingesammelt wird. Hoch am Himmel strahlt dagegen Cassiopeia, das „W".

Der Winter-Sternenhimmel

Kein schönerer Sternenhimmel könnte die Weihnacht beleuchten: Gleich sechs sehr hell strahlende Sterne und auffällige Bilder begleiten uns durch die langen kalten Nächte. Das Wintersechseck besteht aus dem türkis funkelnden SIRIUS im Großen Hund (dem hellsten Fixstern überhaupt), PROCYON im Kleinen Hund, POLLUX in den Zwillingen, CAPELLA im Fuhrmann, ALDEBARAN im Stier und RIGEL im Orion.

All diese Sternbilder sind auch noch einfach zu identifizieren. Orion mit seinen drei Gürtelsternen bildet auffällig den Mittelpunkt des Arrangements. Er ist nach dem Großen Wagen das zweitbekannteste Sternbild. Die drei Gürtelsterne zeigen in der Verlängerung nach links unten auf SIRIUS. Die Linie vom linken Knie zur rechten Schulter des Orion zeigt auf den rötlichen ALDEBARAN. Er bildet eine Ecke im auffälligen Dreieck des Stiers. Die weiter oberhalb in gleicher Linie befindliche Anhäufung kleiner Sternchen ist das Siebengestirn („Plejaden"), nicht wie oft angenommen der Kleine Wagen. Das Siebengestirn lohnt einen Blick mit dem Fernglas – darin erscheinen Hunderte leuchtender Edelsteine im schwarzen Samt.

Vom linken Knie zur rechten Schulter des Orion zeigt eine Linie auf das Sternbild der Zwillinge – zwei sich ähnelnde Sternenketten mit einem hellen Kopf an der Spitze und einem Knick am Fuß.

Im Osten zeigt sich bereits der Löwe, um dem Winter später den Garaus zu machen. Im Westen verschwindet unspektakulär das Herbstviereck. Im Norden tauschen Cassiopeia und Großer Wagen die Plätze: Erstere steigt links vom Polarstern langsam ab, rechts gewinnt der Wagen an Höhe.

Die Sage von Andromeda und Perseus

Kepheus und Cassiopeia, beide am Nordhimmel zu sehen, waren ein Königspaar und herrschten über das Land Äthiopien. Sie waren gute Regenten und hatten eine wunderschöne Tochter, die Andromeda. Andromeda war so über die Maße schön, dass ihr Vater jedes Mal in starres Staunen fiel, wenn er sie etwa beim Kämmen oder beim Baden sah. Seine Minister mussten ihn fortreißen, dass er wieder ans Regieren dachte. Auch Mutter Cassiopeia genoss die Anmut ihrer Tochter. Eines Tages rühmte sie ihre Tochter sogar, schöner als Nereide zu sein. Diese war die junge zauberhafte Lieblingsfrau des Gottes Neptun. Als dem Neptun nun zu Ohren kam, dass eine Menschentochter schöner gerühmt wurde als seine göttliche Gemahlin, da verlangte er nach Rache: Andromeda sollte ihm ausgeliefert werden. Entsetzt wiesen die Eltern das Ansinnen des erzürnten Gottes ab – sie versteckten das schöne Mädchen in der Hoffnung, sie vor einem grausamen Schicksal bewahren zu können. Aber nur selten gelingt es Menschen, sich gegen Gottesurteile zu wenden. Neptun erschütterte Äthiopien mit Erdbeben, Fluten und Stürmen. Mitleidlos stürzte er ein ganzes Volk in Verderben, nur um die Eine zu bekommen. Zum Ende ergaben sich Kepheus und Cassiopeia und lieferten Andromeda aus. Sie wurde an der Küste nackt an einen Felsen gekettet, damit Neptun sie dort holen könne. Neptun schickte ein Ungeheuer aus, die Andromeda zu fressen.

Gerade als das Ungeheuer aus den Fluten kam und sich auf das verängstigte Mädchen stürzte, da kam der Held Perseus des Wegs auf seinem geflügelten Ross Pegasus. Perseus führte das verhüllte Haupt der Medusa mit, das er ihr abgeschlagen hatte. Verhüllt war es deshalb, weil jeder zu Stein erstarrt, der dem Haupt in die Augen schaut.

Perseus erkannte sofort die Not der Andromeda und seine Chance: Unverzüglich hielt er an und stellte sich dem Ungeheuer in den Weg. Von da an kursieren zwei Versionen der Geschichte, die beide erzählt werden, da für beide Beweise zu sehen sind:

Nach der einen Version legte Perseus das Medusenhaupt ins Gras und bekämpfte das Untier mit dem Schwert – wohl um Eindruck bei Andromeda zu schinden. Nach dramatischem Kampf stieß er sein Schwert dem Scheusal tief ins Herz, worauf es blutend verendete. Im Gras war das Tuch des Medusenhauptes jedoch gefallen, das Gras wurde zu Stein und ist heute noch dort zu sehen – es sind Korallen.

Die andere Version berichtet, Perseus habe Andromeda unverzüglich gerettet, indem er das Medusenhaupt vor den Augen des Ungeheuers enthüllte – worauf dieses sofort und ganz zu Stein wurde. Ein riesig großer Fels ist jedenfalls bis heute an jener Stelle zu bestaunen.

Perseus band Andromeda schließlich los und brachte die glücklich Gerettete heim zu ihren Eltern. Fast überflüssig zu berichten, wie die sich über den unerwarteten Ausgang freuten und dass sie Andromeda dem Perseus zur Frau anboten. Die beiden waren herzlich einverstanden und heirateten. Die Eltern gaben sogar den Thron noch ab und vererbten ihn dem neuen jungen Paar.

Bei den Brüdern Grimm wäre hier das Happy End gewesen: „Und wenn sie nicht gestorben sind…" Die Geschichte spielt aber bei den alten Griechen und die verstanden etwas von der Tragik des Lebens.

Dem Haudegen Perseus wurde das Regieren in Äthiopien und das Eheleben bald eintönig. Eines Tages sattelte er das geflügelte Pferd Pegasus und brach zu neuen Heldentaten auf. Die alle hier zu erzählen würde Nächte dauern. Hier sei nur berichtet, dass Perseus auch den Göttern eine Freude war mit seinem Heldenmut. Eines Tages dachte er, dass ihm deswegen eigentlich auch ein Platz auf dem Olymp, dem Palast auf dem Berg der Götter zustünde. Mit dem geflügelten Ross Pegasus hätte er den Weg dahin auch geschafft! Diese Selbstüberschätzung kam ihn aber teuer zu stehen. Die Götter schickten eine Hornisse, um ihn aufzuhalten. Sie stach das Pferd an eine sehr empfindliche Stelle – an die allerempfindlichste Stelle (muss man deutlicher werden?), das Flügeltier bäumte sich auf vor Schreck. Rasend vor Schmerz sauste es durch den Himmel, mal rauf, mal runter, mal rechts, mal links, mal vor, mal zurück und heftig sträubend. Deswegen ist das Pferd am Himmel auf dem Rücken fliegend zu sehen. Perseus konnte sich nicht lange im Sattel halten und stürzte aus dem hohen Himmel schimpflich zu Tode.

Die Milchstraßensage

Das geheimnisvolle, silbrig leuchtende Band, das sich besonders im Herbst hoch über uns aufspannt, hat alle Völker fasziniert. Bei den Indianern war es der Weg, den die Toten von der Erde zu den Sternen gehen, wenn sie ihren Körper verlassen hatten.

Bei den Griechen gab es verschiedene Theorien über das eigenartige Licht. Eine besagte, dass die Götter beim Zusammenfügen der beiden Halbkugeln der Himmelssphäre nicht ganz genau gearbeitet hatten: Ein ganz feiner Spalt war geblieben, durch den das Licht der göttlichen Sphäre von jenseits zu uns leuchtet. Eine andere dreht sich um Herkules, den stärksten aller Helden.

Jener Herkules war ein unehelicher Sohn des Zeus. Der Göttervater liebte es ja, mit schönen Frauen inspirierende Nächte zu verbringen, und meist hatte dies Folgen – ein ganz guter Teil der Bevölkerung der griechischen Sagenwelt stammt von Vater Zeus. Hera, die Göttergattin, war natürlich selten begeistert, aber weniger eifersüchtig auf Zeus, als viel öfter auf die anderen Frauen und ihre Kinder. So wollte sie auch den jungen Herkules verderben, dem sie schon am zweiten Lebenstag Schlangen in die Wiege schickte.

Der Junge war aber nicht von schlechten Eltern und griff die Schlangen, erwürgte sie mit bloßen Händen. Das gefiel dem Vater Zeus – der Junge war ihm recht geraten. Nachts holte er den Jungen aus der Wiege, legte ihn der schlafenden Hera heimlich an die Brust. Hatte er nicht Göttermilch verdient? Der Knabe suchte, fand und sog, sog so kräftig, dass Hera gleich erwachte, das fremde Kind entsetzt von ihrer Brust riss, so dass die Milch in hohem Bogen spritzte. Die Milch spritzte in langen Bahnen den ganzen Himmel entlang – und blieb daran haften. So ist die Milchstraße entstanden und sie heißt tatsächlich deshalb so. Auch das moderne Wort Galaxie stammt von Galaktos, der Muttermilch.

Ein Blick durchs Fernglas auf die Milchstraße löst die Frage nach ihrer wahren Natur – und stellt hunderttausend neue Fragen.

Phantasiesternkarten selbst gestalten

Auf der Phantasiesternkarte haben auch Planeten, Raumschiffe und Raketen Platz, wiewohl diese nicht fest am Himmel stehen und daher auf Original-Sternkarten nicht erscheinen. Die Phantasiesternkarte wird eine Momentaufnahme und erhebt keinen Anspruch auf sachlich richtige Entsprechungen. Es soll den Kindern einfach Spaß machen, ihr Guckfenster am Himmel durch Drehen der vorderen Scheibe zu verändern.

Material: schwarzer und dunkelblauer Tonkarton, kreisrunde Schablone mit ca. 25 cm Durchmesser (z. B. einfacher Essteller), Buntstifte, Schere, Stecknadel oder Handbohrer, Klarsichtfolie (z. B. aus Sichthüllen), Kleber, Musterklammern

Alter: ab 5 Jahren (mit Hilfe eines Erwachsenen) (mit Variante ab 7 Jahren)

Mit Hilfe der Schablone einen Kreis auf den dunkelblauen Karton zeichnen und ausschneiden. In der Mitte ein kleines Loch mit Stecknadel oder Handbohrer vorstechen.

Einen zweiten Kreis aus dem schwarzen Tonkarton ausschneiden und in einer Kreishälfte ein elliptisches Guckfenster ausschneiden.

Aus der Folie einen dritten Kreis ausschneiden und diesen auf den Kreis mit dem Fenster kleben.

Auf die noch unbenutzte Kreisscheibe Sterne, Sternhaufen, Sternbilder und z. B. unsere Milchstraße einzeichnen (nach Phantasie, ohne Anspruch auf Richtigkeit).

Abschließend die Scheibe mit dem Fenster mit einer Musterklammer auf der eben gestalteten Sternkarte befestigen und nach Lust und Laune drehen.

Variante ab 7 Jahren: Durch Übertragung der echten Sternbilder auf die unterste Pappe kann auch eine originalgetreue Sternkarte gebastelt werden!

Sternenkalender

Die Kinder kleben die wichtigsten Sternbilder der Jahreszeiten mit selbstleuchtenden Sternen auf.

Material: selbstleuchtende Sterne in verschiedenen Größen, schwarzes Tonpapier in verschiedenen Größen, Sternkarte als Vorlage
Alter: ab 7 Jahren (mit Varianten)

Auf das Tonpapier die wichtigsten Sternbilder der Jahreszeiten kleben: pro Sternbild ein DIN A4-Blatt, ein riesengroßes Blatt (DIN A3) für den gesamten Sternenhimmel oder jede Jahreszeit. Ein Blatt gilt dem Nordhimmel.
Die Sterne im Licht „aufladen" und im abgedunkelten Raum leuchten lassen.

Hinweis: Solche Sternbilder können auch verwendet werden, um im dunklen Raum die Sternsagen zu erzählen.

Variante: Die Kinder fertigen in einem DIN A4-Heft ihr eigenes Sternenheft an: pro Jahreszeit eine Doppelseite und eine für jene Sternbilder, die man das ganze Jahr hindurch am Nordhimmel sieht.

Variante ab 4 Jahren: Sternenheft mit erfundenen Sternbildern zeichnen oder kleben. Man kann erst viele Sterne zeichnen/kleben lassen und dann Figuren darin erkennen, erraten, phantasieren.

Sternbilderland

Um die ausgestalteten Sternbilder lebendig werden zu lassen, werden die Bilder auf Karton geklebt und in eine eigens dafür vorbereitete Landschaft gestellt.

Material: Sternbilder (vgl. Sternenkalender), feste Pappe, Klebstoff, Schere, Wachsstifte, Federn, Goldpapier und Lametta, Stoff- und Wollreste, Felle und Lederreste, Perlen, große dunkelblaue oder schwarze Tücher/Stoffbahnen, Kartons oder Kisten, Steine und Glitzersteine, Goldfolie, Lampen
Alter: ab 5 Jahren

Die Sternbilder auf feste Pappe kleben und ausschneiden.

Die einzelnen Sternbilder passend zum Motiv mit den beschriebenen Materialien ausgestalten: Der Löwe bekommt ein gemaltes oder aufgeklebtes Fell, Andromeda schöne Haare aus Wolle oder Lametta usw.

Für die Sternen-Landschaft Stoffe und Tücher über die Kartons oder Kisten drapieren, so dass ein durchgängiger reliefartiger Hintergrund mit verschiedenen Ebenen entsteht. Die fertigen Sternenbilder auf unterschiedlichen Höhen in diesen Hintergrund hineinstellen.

Die Bilderlandschaft mit verschiedenen Gegenständen wie Steinen, selbstgebastelten Sternen aus Goldfolie oder Gegenständen dekorieren, die zu den Sternenhelden gehören. Effektvoll beleuchten.

Freunde oder Eltern einladen und sie in die Welt der Sternbilder und -sagen entführen.

Sternbilderraten

Die Kinder spielen ein Ratespiel mit den selbst gemachten Sternbildern – echt oder erfunden.

Material: Sternbilder (vgl. Sternenkalender), evtl. Wollfaden, Papier und Stift
Alter: ab 5 Jahren (mit Variante)

Sternbilder auf dem Boden zu einem großen Sternenhimmel zusammenlegen. Die Kinder sitzen im Kreis um den Sternenhimmel herum und suchen sich in der Vielzahl der gemalten Sterne „ihr" Sternbild: ein Tier, einen Gegenstand oder was sie mit Hilfe ihrer Phantasie erkennen können. Wer eine „Figur" entdeckt hat, meldet sich beim Spielleiter, flüstert ihm seine Entdeckung ins Ohr (ältere Kinder bekommen ein Blatt Papier und zeichnen es auf) und beginnt dann, sein erfundenes Sternbild zu beschreiben: „Mein Sternbild besteht aus ... Sternen, es ist ein Tier, das im Wasser lebt..."

Die anderen Kinder versuchen die beschriebene Figur zu erraten. Dann wird das Bild unter den Sternen gesucht.

Zur Hilfestellung kann das Sternbild mit einem Wollfaden eingekreist werden, bevor die Kinder mit dem Raten beginnen.

Variante: Das gleiche Spiel mit vielen Glassteinen auf einem dunkelblauen oder schwarzen Tuch spielen, statt mit gebastelten Sternbildern.

Geburtstagskalender aus Weltraummotiven

Material: 1 großes dunkelblaues Tuch (z. B. altes gefärbtes Betttuch), Nadel, Faden, 2 Rundstäbe von ca. 1 cm Durchmesser und einer Länge von etwas mehr als der Stoffbreite, Schnur, Hammer, Nagel, gelbes oder goldenes Tonpapier, 1 Foto von jedem, Scheren, Stifte, glitzerndes Allerlei für den umgebenden Weltraum, evtl. Sicherheitsnadeln und verschieden große Sternenschablonen aus Pappe
Alter: ab 4 Jahren (mit Hilfe)

Das Tuch oben und unten umnähen, so dass Tunnel für die Rundstäbe entstehen. Stäbe einschieben, am oberen Stab rechts und links an den aus dem Stoff ragenden Enden eine Schnur festknoten und den Wandbehang als Untergrund für den Kalender an einem Nagel an die Wand hängen.
Jedes Kind schneidet aus dem Tonpapier einen handtellergroßen Stern aus, den es mit seinem Foto und seinem Geburtsdatum versieht. Auch Raumschiffe, Raketen oder Planeten können gestaltet werden.

Die Sterne, Planeten usw. an dem Tuch annähen oder mit Sicherheitsnadeln befestigen – fertig ist ein kleines Universum als Geburtstagskalender.

Sternenparty

Bei einer Party gerieten die Sterne durcheinander... jetzt müssen sie wieder sortiert werden.

Material: Glassteine oder aus Pappe geschnittene Sterne, 1 großes dunkelblaues oder schwarzes Tuch, originalgetreue oder selbst ausgedachte Sternbilder (s. Sternenkalender auf S. 66)
Alter: ab 5 Jahren (mit Varianten)

Das Tuch auf dem Boden ausbreiten, alle Sterne oder Glassteine durcheinander darauf streuen und die Geschichte von der Sternenparty erzählen:
„Letzte Nacht haben die Sterne eine Party gefeiert – das kommt zuweilen vor, dann gibt es viele Sternschnuppen. Letzte Nacht haben sie es aber zu weit getrieben und so wild getanzt, dass sie vor lauter Übermut beim Drehen und Herumwirbeln ganz vergessen haben, wo ihr richtiger Platz am Himmel ist. Wie sollen sich denn nun die Seefahrer zurechtfinden oder die Astronauten? Das kann nicht so bleiben! Zum Glück haben die Menschen Sternenkarten gemacht, daran können wir uns orientieren und den Sternen helfen, ihre richtigen Plätze wieder zu finden."

Die Kinder bilden Gruppen, die sich aus den Sternbildern jeweils ein Sternbild aussuchen. Sie suchen sich die passende Anzahl von Sternen (Steinen o. Ä.) heraus und legen damit ihr Sternbild.

Varianten

● Die Sternbilder mit Teelichtern legen, die aus Sicherheitsgründen erst nach dem Legen der fertigen Sternbilder angezündet werden. Licht ausschalten und genießen. Auch Leuchtsterne eignen sich gut!

● Die Kinder tanzen als Sterne zur Musik, feiern ihre „Sternenparty" und müssen sich nachher selber wieder ordnen. Leichter ist es hier allerdings, bereits als feste Sternbilder zu beginnen, bevor die Party losgeht.

Sternbildbatik

Material: alte Zeitungen, weißes Betttuch, weißtropfende Kerzen, Feuerzeug oder Streichhölzer, Bügeleisen, hell- und dunkelblaue Batikfarbe, Fixierer, 2 Plastikwannen, Löffel oder Schneebesen zum Rühren, Bügeleisen
Alter: ab 3 Jahren (mit Hilfe)

Zeitungen auslegen, Betttuch darauf ausbreiten und mit den weißen Kerzen viele Punkte auf das Tuch tropfen. (Das können vor allem jüngere Kinder schon gut mit Hilfestellung). Je mehr Wachstropfen, desto mehr Sterne! Dicht nebeneinander liegende Punkte stellen Sternhaufen dar, ein ganzes Band von Tropfen die Milchstraße.
In dieser Phase wird noch nicht auf Anordnung der Sterne zu bestimmten Sternbildern geachtet. Den Stoff in einer Plastikwanne ins hellblaue Farbbad geben, danach fixieren und trocknen lassen.

Mit älteren Kindern in der zweiten Phase einzelne Sterne, Planeten und Sternbilder tropfen. Ins zweite, dunklere Farbbad geben, fixieren, trocknen lassen, den Stoff zwischen Zeitungsbögen legen und den Wachs herausbügeln.

Traumkissen nähen

Zum Einschlafen braucht so mancher sein geliebtes Kuscheltier. Andere haben Schmusedecken und wieder andere schwören auf entspannende Musik vor dem Zubettgehen.
Warum nicht einen Stern mit ins Schlafparadies nehmen und dazu noch einen, der wunderbar duftet!

Material: Stoffreste, Schere, Nadel und Faden, Nähmaschine, Lavendel, Melisse u. a. getrocknete Kräuter mit beruhigender Wirkung
Alter: ab 4 Jahren (mit Hilfe)

Aus den Stoffresten zwei gleich große Sterne ausschneiden. Den Stoff rechts auf rechts aufeinander legen und zusammennähen (evtl. auf der Maschine). Eine etwa 5 cm breite Lücke lassen. Stoff auf rechts drehen und Kräuter einfüllen. Mit Nadel und Faden zunähen.

Schaukästen als kleine Universen bauen

Material: für jedes Kind 1 Schuhkarton, Goldfolie, Klebstoff, Allzweckfarbe oder Fingerfarben, blauer oder schwarzer Stoff (am besten Samt oder Pannésamt), Spiegelteile, Glitzersteine oder Glitzersterne, Murmeln oder Perlen, Knete, Scheren, Nadel und Faden, Handbohrer verschiedener Größen, Transparentpapier oder farbige Folie

Alter: ab 4 Jahren (mit Hilfe)

Den Schuhkarton (zunächst ohne Deckel) außen mit Goldfolie bekleben oder bemalen. Karton innen mit Stoff auskleiden oder anmalen.

Glitzersteine, Glitzersterne oder Spiegelteile (Vorsicht wegen Verletzungsgefahr!) an Wände und Boden kleben.

Murmeln oder Perlen als Planeten mit Knete am Boden befestigen.

Perlen mit Faden am Deckel befestigen.

An einer der kurzen Kartonseiten Guckloch bohren und Sicht prüfen, Guckloch dann nach Bedarf vergrößern.

Zum Schluss Deckel anmalen oder mit Goldfolie bekleben und ein großes oder mehrere kleine Lichtfenster hineinschneiden (je mehr Fenster, umso mehr Licht kommt nachher in den Schaukasten).

Lichtfenster auf der Deckelunterseite mit Transparentpapier bekleben.

Deckel aufsetzen. Mit dem Lichtfenster unter eine Lampe oder unter die Sonne gehen und durch das Guckloch schauen.

Variante: Schaukasten mit Leuchtknete oder mit fluoreszierenden Sternen zum Aufkleben gestalten – ohne Lichtfenster im Deckel!

Das eigene Horoskop erstellen

Ein Horoskop ist eigentlich eine exakte Stern-karte für den Augenblick der Geburt. Hier ge-stalten die Kinder ihre Geburts-Phantasie-Sternkarte.

Material: Papier (DIN A4), Buntstifte, farbige Aufkleber oder selbstklebende Hologrammfo-lie, vergrößerte Kopien der Vorlage
Alter: ab 4 Jahren (mit Hilfe)

Für jedes Kind einen ca. 15 cm großen Kreis auf ein Blatt zeichnen und eine Leerzeile für Na-men, Geburtstag und Geburtsort einfügen oder den Horoskopvordruck vergrößert kopieren.
Aus den Aufklebern oder der Hologrammfolie Sonne-, Mond-, Sterne- und Planetenaufkleber herstellen: Sterne gibt es als fertige Goldklebe-sterne, Monde ausschneiden oder ausstanzen, kleine bunte Klebepunkte stehen für die Plane-ten, runde gelbe oder goldene Klebepunkte für die Sonne.
Auf dem Horoskopvordruck Name, Geburtstag und Geburtsort des Kindes eintragen. Wer sei-nen eigenen Geburtstag nicht weiß, darf ihn zu Hause nachtragen lassen.
Die Leiterin erklärt, dass der Kreis auf dem Pa-pier den Himmel mit seinen Gestirnen zum Ge-burtszeitpunkt darstellen soll. Die Kinder ge-stalten nun nach ihren eigenen Vorstellungen mit den vorbereiteten Aufklebern von Sonne, Mond, Sternen und Planeten ihr spezielles Horoskop.

Variante: Computerprogramme drucken ein echtes Horoskop, also die Sternkarte zum Zeit-punkt und für den Ort der Geburt aus. Die Ge-burtsdaten (Tag, Zeit, Ort) der Kinder sammeln, jedes Horoskop ausdrucken lassen und dieses dann als Vorlage für die Gestaltung benutzen: Die Symbole für Planeten, Sonne und Mond überkleben, Sternenhimmel dunkel malen und Aufklebesterne verteilen.

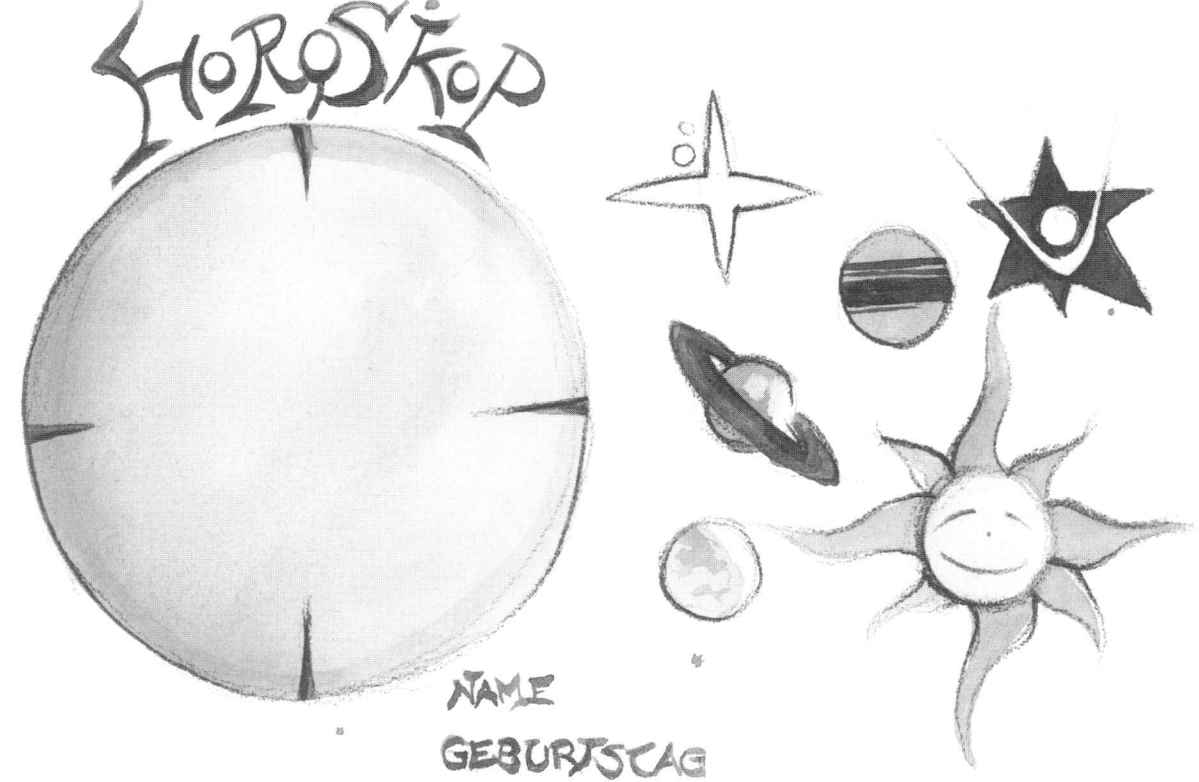

Teleskop bauen

Material: 1 große Pappröhre mit Deckel, verschiedene kleinere Röhren (z. B. von Toilettenpapier), Alufolie, Handbohrer, 2 Schrauben mit 5–6 mm Durchmesser mit je 2 passenden Muttern, Musterklammern, schwarze Plakafarbe, Pinsel, kleine fluoreszierende Leuchtsterne, stabile Schnur, evtl. Hakenschrauben für Aufhängung an der Decke
Alter: ab 4 Jahren

Die Pappröhren außen mit Alufolie verkleiden. An der großen Pappröhre jeweils rechts und links auf halber Länge ein Loch vorbohren (kleiner als der Schraubendurchmesser!).
Auf die Schrauben jeweils eine Mutter bis auf halbe Schraubenlänge aufdrehen, beide Schrauben von außen einstecken und mit der zweiten Mutter von innen fixieren. Kleine Röhren als Zielfernrohre mit Musterklammern außen befestigen.
Den Deckel der großen Röhre innen mit schwarzer Plakafarbe bemalen, trocknen lassen, dann mit vielen kleinen Leuchtsternen bekleben und am oberen Ende aufsetzen.
An den seitlichen Schrauben Schnüre befestigen und damit das Teleskop an der Decke auf-

hängen. Zusätzliche Schnur am oberen Ende der Röhre befestigen und das Teleskop damit schräg aufsteigend an der Decke fixieren.
Vor Gebrauch des Teleskops die Sterne im Deckel für einige Minuten mit Licht aufladen und wieder aufsetzen!

Fernrohre bauen

Material: Pappröhren verschiedener Größen (Toilettenpapierrollen o. Ä.), Buntpapier, Kleister, Alufolie, 5-mm-Schrauben mit Mutter, Handbohrer, Hutgummi
Alter: ab 5 Jahren (mit Varianten ab 3 Jahren)

Zwei ineinander schiebbare Röhren werden in ein ausziehbares Fernrohr verwandelt:
Passende Pappröhren suchen oder durch Aufschneiden und erneutes Zusammenkleben größere Röhren passend machen.
Die Röhren außen einkleistern und mit Buntpapier bekleben oder mit Alufolie verkleiden und ineinander stecken, so dass sie sich gut schieben lassen.
Mit Schrauben und Muttern Stopper anbringen, die ein Durchfallen des kleineren Rohres verhindern (siehe Abb.), die Löcher dafür mit dem Handbohrer machen. Ein Herausrutschen nach unten wird durch die Verbindung der beiden Rohre mit jeweils einem ausreichend langen Stück Hutgummi rechts und links verhindert.
Varianten ab 3 Jahren: Toilettenpapierrollen einkleistern, mit Buntpapier bekleben und trocknen lassen. Oder aus zwei nebeneinander zusammengehefteten Rollen ein Fernglas herstellen.

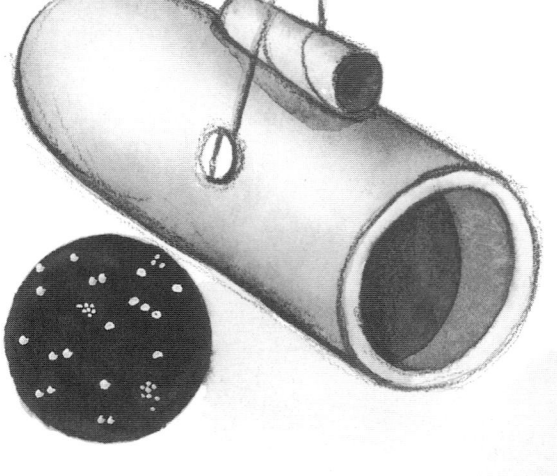

Der Milchstraßen-Blues

⊙ 18
Text: B. Laux
Musik: G. Geisinger

Ich kenne eine Straße
Die ist lang und groß und weiß
Da drehn sich alle Leute nur im Kreis
Sie tun das mit großem Fleiß
In der Mitte wird es tierisch heiß

    Das ist der Milchstraßen-Blues
    Hast du das noch nicht gewusst?
    Das ist der Milchstraßenblues
    Hast du das noch nicht gewusst?
    Das ist der Milchstraßenblues
    Hast du das noch nicht gewusst?

Milliarden Sterne drehn sich hier im Kreis
Uns Erdbewohnern steht schon fast der Schweiß
Doch nicht vom Tanzen, nicht vom Drehen
Nein, nur, weil wir das alles nicht verstehn!

    Das ist der Milchstraßen-Blues...

Sternenabend

⊙ 29
Text: B. Laux
Musik: G. Geisinger

Oh, ihr Wolken, macht ein Guckloch auf
Wir wolln so gern die Sterne sehen
Wir wolln noch nicht nach Hause gehen
Könnt ihr bitte bitte weiterziehen?
Wir singen dieses Lied für euch
Oh, ihr Wolken macht den Himmel frei!

Kein Wind, kein Lüftchen, alles still
Da hilft auch kein: „Ich will, ich will!"

Der Sternenkönig Sansibar

Kennst du den Sternenkönig Sansibar?
Oh ja, oh ja, na klar!
Er leuchtet jede, jede Nacht,
hat er dir schon mal zugelacht?

Besonders hell das ist er nicht
und doch dreht sich um ihn 'ne ganze Welt!
Glaubst du mir nicht, dann schau's dir an,
was Sansibar so alles kann.

Er dreht das ganze Himmelskarussell,
mal langsam und mal schnell.
Dass es den Sternen nicht mal schwindlig wird,
er selbst bleibt stehn und rührt sich nicht.

Ein feiner König ist das, sag ich dir
Weißt du seinen Sternennamen,
dann verrat ihn mir!

(Polarstern)

Planeten

Neben den Fixsternen, die in ihrer Anordnung zueinander feststehen (wenigstens im Laufe eines Menschenlebens), gibt es auch noch „Wandelsterne", die ihre Stellung stetig ändern – die Planeten. Eigentlich sind sie gar keine Sterne, die wie unsere Sonne selber leuchten, sondern sie reflektieren das Licht der Sonne ebenso wie der Mond. Die Planeten sind Geschwister der Erde und umlaufen wie diese die Sonne auf ellipsenförmigen Bahnen. Diesen Lauf kann man mitverfolgen – schon im Laufe weniger Wochen verändert sich die Stellung vor dem Hintergrund der Fixsterne deutlich. Die Planeten sind uns sehr, sehr viel näher als die Sterne und schon im kleinen Fernrohr lässt sich ihre Natur erkennen: kugelförmige Himmelskörper, teils mit Wolken- und Oberflächenphänomenen.

Mit bloßem Auge sind folgende Planeten zu erkennen:

- **Merkur** erscheint von Zeit zu Zeit als mittelhell leuchtender Stern am Westhimmel in der Abend- oder östlich in der Morgendämmerung. Seine Sichtbarkeitsperioden sind recht kurz und können astronomischen Jahrbüchern (z. B. dem „Kosmos-Himmelsjahr") entnommen werden. Der Reiz liegt darin, ihn „mal gesehen" zu haben, denn die meisten Menschen nehmen ihn ihr ganzes Leben lang nicht ein einziges Mal bewusst wahr. Dabei ist es gar nicht schwer.

- **Venus** gilt zu Recht als Juwel am Himmel. Wegen ihrer Nähe zur Sonne ist sie nur abends im Westen (Abendstern) oder morgens vor Sonnenaufgang im Osten (als Morgenstern) zu sehen. Ihr Glanz übertrifft allerdings alles andere am Nacht- oder Dämmerungshimmel. Venus ist genauso groß wie die Erde, aber viel näher an der Sonne und dazu von einer gleißendhellen Wolkenschicht eingehüllt. Im Fernrohr zeigt sie sich, ähnlich wie der Mond, je nach Stellung zur Sonne als Sichel-, Halb- oder Dreiviertelvenus. Die Vollvenus – von uns aus hinter der Sonne – bekommen wir leider nie zu sehen. Die Sichtbarkeitsperiode und Stellung am Himmel lässt sich astronomischen Jahrbüchern, gelegentlich auch der Astronomieecke der Tagespresse entnehmen.

- **Mars** zeigt sich alle zwei Jahre als mittelheller, zuweilen eher schwacher rötlicher Stern am Nachthimmel. Wegen seiner Nähe zu uns und zur Sonne lässt sich seine Bewegung vor dem Hintergrund der Sternbilder besonders gut verfolgen – schon wenige Tage machen einen deutlichen Unterschied.

- **Jupiter** ist ein echter Freund der Sternengucker, fast das ganze Jahr über ist er zu beobachten (abends, nachts oder wenigstens frühmorgens). Außerdem ist er sehr groß und mit einer hellen Wolkenschicht eingehüllt, schon im kleinen Fernrohr fallen Wolkenstreifen auf. Zudem sind seine vier größten Monde (von insgesamt ca. 17) zu beobachten. Ihr Tanz hat schon Galilei verzaubert, der als erster Mensch mit einem Fernrohr in die Tiefe des strahlenden Nachthimmels blickte.

Jupiter ist als hell strahlender Stern auffällig, bewegt sich aber nur langsam durch die Sternbilder – zwölf Jahre braucht er für einen kompletten Lauf um die Sonne. Im Laufe von ein bis zwei Wochen wird seine Bewegung deutlich erkennbar.

● **Saturn** vermag das beeindruckende Erlebnis des Jupiter noch zu übertreffen – mit einem einzigen Augenblick. Es sind die Ringe, die diesen Planeten zu einer atemberaubenden Erscheinung machen. Saturn hat zwar auch Monde, die gelegentlich ein Schauspiel bieten, aber die Ringe lohnen es, ein entsprechend großes Fernrohr zu organisieren: Mindestens 8 cm Öffnung und mindestens 40fache, besser ca. 100fache Vergrößerung sollte das Gerät schon bieten.

Saturn ist schwächer als Jupiter, aber heller als die meisten Sterne. 30 Jahre dauert sein Umlauf um die Sonne, entsprechend langsam erscheint seine Bewegung vor dem Hintergrund der Fixsterne. Nach zwei Wochen wird sein träger Gang dennoch sichtbar.

Die aktuellen Planetenstellungen finden sich übrigens neben der gelegentlichen Astronomieecke der Tagespresse und den erwähnten Jahrbüchern auch im Internet, z. B. unter:
http://www.s-direktnet.de/homepages/aap/
    FRAMES/planets.htm
http://astro.uni-tuebingen.de/~stuhli/html/
    astro.html

Das Lied von den Planeten

21
Text: M. Maser
Musik: G. Geisinger

Die Erde, das ist ein Planet,
der sich um die Sonne dreht.
Doch kennst du auch die andern,
die um die Sonne wandern?

Der Merkur, der Merkur,
der macht eine schnelle Tour.
Man sieht ihn um die Sonne jagen
in nur achtundachtzig Tagen.

Auf der Venus, auf der Venus
hat man's schwer, wenn man dort stehn muss.
Denn die Venus-Atmosphäre
ist 'ne ganz besonders schwere.

Auf dem Mars, auf dem Mars
da wächst leider auch kein Gras,
weil der Mars, soweit bekannt ist,
voller Wüsten ganz aus Sand ist.

Der Jupiter, der Jupiter
ist riesengroß und schwer.
Schon sehr früh konnt man entdecken,
er hat 'nen großen roten Flecken.

Als Ringplanet, als Ringplanet
der Saturn am Himmel steht.
Wie seine Ringe einst entstanden,
hat man bis heute nicht verstanden.

Bei Neptun und dem Uranus
da dacht man lange: jetzt ist Schluss!
100 Jahre schien alles gut so,
doch dann fand man auch noch Pluto.

Planetenfotos anschauen

Material: Fotos von den Planeten in großen Bildbänden aus der Stadtbibliothek, Dias von der Kreisbildstelle oder Planetenbilder aus dem Internet, z. B.:
http://virtual.curtin.edu.au/mirror/planets/
http://www.nasm.edu/ceps/etp/
http://zebu.uoregon.edu/~soper/Tour/
  Oct18.html
http://lyra.colorado.edu/sbo/hubble/ss/ss.html
Alter: ab 3 Jahren

Die Spielleitung schaut gemeinsam mit den Kindern die Planetenbilder an, liest die Erklärungen dazu vor und sammelt die Kommentare der Kinder.

Planetenposter malen

Material: Bilder von Planeten als Malvorlage, Aquarellpapier, Wachsstifte, große Pinsel oder kleine Schwämme, Wasser, Wasserfarben, für Poster entsprechend große Bögen von Makulaturpapier
Alter: ab 3 Jahren (mit Varianten)

Die Leiterin betrachtet mit den Kindern die Bilder der Planeten. Jedes Kind sucht sich einen oder – bei älteren Kindern – mehrere Planeten aus, die es malen möchte.

- **Nass-in-Nass-Technik:** Auf den Aquarellbogen mit Wachsstift einen Kreis aufmalen. Den Kreisinhalt mit Schwämmchen oder Pinsel mit Wasser bestreichen. Farbtupfer von Wasserfarben setzen und diese im nassen Untergrund ineinander laufen lassen. Jeder Planet bekommt dabei andere Farbtöne. Den Hintergrund nach dem Trocknen der Planeten schwärzen!

- **Wachskreidentechnik:** Die Planeten mit Wachsstiften zeichnen und ausfüllen und zum Schluss mit Wasserfarben drüber malen. So entsteht ein effektvolles Weltraum-Planetenbild. Nicht vergessen: Auch die Erde ist ein Planet und hat ein Poster verdient!

Varianten: Alle Kinder gestalten gemeinsam ein großes Poster mit allen Planeten.
Es ist auch möglich, dass jedes Kind seinen eigenen Phantasieplaneten malt und ihm einen Namen gibt.
Unter die aufgehängten Planetenposter gehören die Symbole der Planeten:

Sonne	☉
Merkur	☿
Venus	♀
Erde	♁
Mond	☽
Mars	♂
Jupiter	♃
Saturn	♄
Uranus	⛢
Neptun	♆
Pluto	♇

Eulalia, die Planeten- forscherin

Nach der Erforschung des Mondes möchte Eulalia sich ein wenig weiter im Weltall um- schauen. Sie ist neugierig auf die Planeten, die sozusagen Geschwister unserer Erde sind – sie kreisen alle um die Sonne.

Vielleicht gibt es auf den Planeten auch Men- schen oder gar Mondmäuse wie Eulalia? Der ei- ne oder andere Planet soll ja ebenfalls Monde haben; Jupiter und Saturn sogar gleich mehre- re! Zu welchem Mond würden die Jupiterleute denn hochschauen, wenn es 17 Stück gibt? Wäre das nicht ganz schön verwirrend?

Nun, Eulalia muss unbedingt da hoch. Für ihren nächsten Mittagsschlaf hat sie bereits ih- re Traumreiseroute geplant.

Zwei Tage später kommt sie mit einem Akten- koffer voller säuberlich beschrifteter, sortierter Beutel und Röhrchen zu den Kindern zurück und führt ihre Forschungsergebnisse vor:

Eulalia hat einen kleinen Spielkoffer. Darin sind Plastikröhrchen (z. B. Verpackungsröhrchen für Glitzersterne), mit Gummiringen verschlossene Beutelchen aus Frischhaltefolie und transpa- rente Filmdosen. Diese dienen zur Aufbewah- rung der Planetenproben: verschiedene farbige Gewürzpulver, Sande, Asche, Kreidestäube. Die Behälter sind mit dünnem Edding gekenn- zeichnet: *staubus marsus* (rötlicher Sand vom Mars), *sandus venus* (eine besondere Sandmi- schung von der Venus) usw.

In ein Plastikröhrchen eine kleine Prise Pfeffer einfüllen, verschließen und mit *Gasus jupitus* beschriften. Damit ist die stinkende Luft vom Jupiter gemeint. Die Kinder dürfen daran rie- chen, wenn Eulalia ihnen ihre Forschungser- gebnisse präsentiert.

Die Kinder untersuchen die Mitbringsel. Ob sie wohl echt sind?

Planetenentdeckung

Manche Planeten waren den Menschen früher gar nicht bekannt. Man hielt die Erde sogar für den Mittelpunkt der Welt. Erst nach und nach wurde unser Sonnensystem entdeckt: dass die Erde eine Kugel ist und um die Sonne kreist, dass es noch andere solche Kugeln gibt, eben die Planeten, die sich ebenfalls um die Sonne drehen. Fünf Planeten sieht man mit bloßem Auge (Merkur, Venus, Mars, Jupiter, Saturn). Ein sechster wurde 1781 mit dem Fernrohr entdeckt (Uranus), ein siebter um 1846 (Neptun) und ein achter 1930 (Pluto) – zusammen mit der Erde kennen wir heute also neun Planeten in unserem Sonnensystem. Die letzten zehn Jahre brachten neue Entdeckungen: große Planeten in anderen Sonnensystemen.

Material: Papprollen (z. B. von Toilettenpapier), Alufolie, Klebstoff, ein großes blaues Tuch (z. B. Pannésamt), Murmeln und Kugeln verschiedener Größe, marmorierte und gemusterte Bälle
Alter: ab 4 Jahren (mit Variante)

Aus den Papprollen stellen die Kinder zunächst kleine Fernrohre her, indem sie Alufolie um ihre Papprollen kleben.
Die Spielleiterin legt inzwischen die Kugeln, Bälle und Murmeln auf dem Tuch aus. Die Kinder kommen im Kreis um das Tuch herum zusammen und gehen nun mit ihren Fernrohren auf Entdeckungsreise.
Ein Kind verlässt das Zimmer. Die anderen Kinder und die Spielleitung überlegen sich einen Forschernamen XY für das betreffende Kind. Das Kind wird wieder in den Raum gerufen und als Forscher XY begrüßt. Der Forscher sucht sich mit seinem Fernrohr einen der Pla-

neten aus und beschreibt ihn den anderen Kindern. Aufgrund der Beschreibung dürfen die Kinder – ebenfalls durchs Fernrohr linsend – nun raten, welchen Planeten der Forscher gerade durch sein Fernrohr beobachtet. Wer den Planeten errät, darf in der nächsten Spielrunde Forscher sein. Dem entdeckten Planeten geben die Kinder gemeinsam einen Namen.

Variante: Ein Kind geht aus dem Raum. Die verbleibenden Kinder einigen sich auf einen der „Planeten" und rufen sodann das Kind durch Klatschen herein. Der Forscher muss nun herausfinden, um welchen Planeten es sich handelt. Dabei benutzt er sein Fernrohr, um den entsprechenden Planeten ausfindig zu machen, während die anderen Kinder ihn beschreiben.

Planetenräuber

Die Planeten sind nicht zu jeder Zeit am Nachthimmel sichtbar – immer wieder halten sich einige von ihnen am Tageshimmel auf, wenn die Sonne ihr Licht erblassen lässt. Es scheint dann so, als wäre ein Planet vom Nachthimmel verschwunden. Meistens sind sogar mehrere Planeten weg. Wo sind sie geblieben?

Material: blaues Tuch, insgesamt 9 Murmeln, Kugeln und Bälle verschiedener Größe
Alter: ab 4 Jahren (mit Varianten ab 6 Jahren)

Die Spielleitung breitet das Tuch auf dem Boden aus und zeigt den Kindern die verschiedenen Murmeln, Kugeln und Bälle.
Die Kinder einigen sich auf die Namen der verschiedenen Kugeln, die im Spiel die Planeten darstellen sollen. Sie legen die Planeten einzeln mit Nennung des Namens und der Beschreibung auf das blaue Tuch und prägen sich Aussehen und Position der Planeten ein. Ein Kind wird Weltraumdetektiv und verlässt den Raum. Ein anderes Kind darf währenddessen einen Planeten vom Tuch wegnehmen und hinter seinem Rücken verstecken. Der Weltraumdetektiv wird nun wieder hereingerufen und rät: Welcher Planet fehlt? Wer hat ihn weggenommen?

Varianten ab 6 Jahren: Mehrere Planeten verschwinden und müssen erraten werden. Oder ein Planet ändert seine Position auf dem Tuch und muss erraten werden. Im nächsten Durchgang ändern zwei Planeten ihre Position, später sogar drei. In einer nächsten Spielrunde wird ein Planet im Raum versteckt und vom Weltraumdetektiv durch geschicktes Fragen gefunden: Die Kinder dürfen nur mit Ja oder Nein antworten, müssen aber die Wahrheit sagen.

Planetenstaublabor

Den Mond haben Menschen bereits betreten. Zu den Planeten sind bisher nur Raumsonden geflogen, die Fotos geschossen sowie Staub- und Gesteinsproben untersucht haben. Die Messgeräte konnten die Temperatur auf dem Planeten messen, sein Magnetfeld und seine Atmosphäre.
Was wir heute über die Planeten wissen, z. B. auch, ob es dort Leben geben könnte, haben Wissenschaftler aus diesen Daten erschlossen.

Material: Frischhaltefolie, Schere, Clipverschlüsse, verschiedenfarbiger Sand, verschiedene Arten von Steinen, farbige Gewürze (wie Paprika, Curry, und Pfeffer), ein großes (blaues) Tuch, Fotos von Merkur, Venus und Mars (z. B. Fotobände, Farbkopien daraus, Farbausdrucke von Internetbildern, Astro-Postkarten)
Alter: ab 5 Jahren

Aus der Frischhaltefolie kleine Quadrate schneiden, je eine Sorte Gewürz, Sand oder Steine darauflegen, die Enden zu einer kleinen Tüte zusammenfassen und mit je einem Clipverschluss dicht verschließen.
Auf dem Tuch die Fotos von Merkur, Venus und Mars sowie die Säckchen ungeordnet auslegen.
Die Leiterin weist auf das unterschiedliche Aussehen der drei Planeten hin: Der Mars ist vor allem rot, die Venus schimmert gelb und weiß, zum Merkur gehören graue und schwarze Farbtöne.
Einführung in das Spiel:
„In unserer Weltraum-Forschungsstation liegen neue Planetenfunde vor. Leider sind sie im Labor etwas durcheinander geraten. Da unsere Forscher jedoch schon einiges über die besuch-

ten Planeten wissen, ist es leicht, die Funde den richtigen Planeten zuzuordnen."

Die Kinder einigen sich, zu welchem Planeten die Tütchen mit den Planetenstäuben, dem Sand und den Steinen jeweils gehören.

Phantasiereise zum Mars

Noch ist kein bemanntes Raumschiff zum Mars geflogen, aber es ist gut möglich, dass die Kinder dies eines Tages miterleben werden. In der Phantasiereise nehmen wir den ersten Flug zum Mars vorweg.

Material: Liegeunterlage für jedes Kind
Alter: ab 5 Jahren

Im warmen, nur dezent beleuchteten Raum werden Unterlagen verteilt, so dass die Kinder sich für die Phantasiereise hinlegen können.

Die Spielleitung leitet die Phantasiereise an:

„Wir liegen flach auf dem Rücken und entspannen uns, schließen die Augen.
Beim Einatmen wissen wir: Jetzt atme ich ein.
Beim Ausatmen wissen wir: Jetzt atme ich aus.

Wir reisen in die Zukunft. Plötzlich ist das Jahr 2030! Wir sind erwachsen und liegen als Piloten an Bord eines Raumschiffs, das zum Mars fliegen soll. Gerade hat der Countdown begonnen! Wir schauen auf die Schalttafel vor uns und sehen, wie die Sekunden verrinnen:
5 – 4 – 3 – 2 – 1 – 0!
Das Raumschiff zittert, der Antrieb brummt laut auf und schon spüren wir, wie wir abheben. Durch das Fenster können wir sehen, wie wir immer höher steigen. Das Raumschiff hebt uns vom Boden hoch in die Luft, jetzt stoßen wir durch ein paar Wolken und können die Berge von oben sehen. Der Himmel über uns ist tiefblau und wird immer dunkelblauer – und jetzt verlassen wir die Erde, der Himmel wird schwarz, die Sterne sind zu sehen, wir sind im Weltall!
Von oben schauen wir auf die blaue Erde. Der Antrieb brummt noch immer, wir fliegen Richtung Mars, die Erde im Rückfenster wird immer kleiner.
Der Mars liegt weit, weit vor uns, wir sehen ihn als kleinen roten Punkt. – Jetzt schalten wir die Zusatzantriebe ein. Das Raumschiff beschleunigt und drückt uns fest in unsere Liegen. Immer weiter trägt es uns von der Erde weg auf den Mars zu. Jetzt ist die Erde nur noch ein blauer leuchtender Punkt im Rückfenster, der Mars erscheint als rötlicher Planet immer größer vor uns. Wir schalten den Antrieb aus und gleiten auf den Mars zu. -Immer näher kommt der Rote Planet, bald füllt er riesig das Fenster aus. Jetzt heißt es: behutsam Bremsraketen zünden. Das Raumschiff schwenkt in

eine Umlaufbahn um den Mars und setzt dann zur Landung an. – Aus unserem Fenster blicken wir auf riesige rötliche Sandwüsten, schroffe Berge, einen ausgetrockneten Fluss. Wie mit einem Flugzeug schweben wir über die Marslandschaft dahin, suchen einen Platz für die Landung aus und setzen das Raumschiff wie einen Hubschrauber sanft auf den Marsboden auf. Funkspruch an die Erde: WIR SIND GELANDET!

Wir können unseren ersten Ausflug auf den Mars gar nicht erwarten. Rasch sind die Raumanzüge angezogen, die Sauerstoffflaschen umgeschnallt, der Helm aufgesetzt. Die Ausstiegsluke geht auf und vor uns öffnet sich der Blick auf die Weite der leblosen Marslandschaft. Wir gehen hinaus, setzen unsere Füße zum ersten Mal auf den feinen roten Sand des Marsbodens. Wir sind etwas leichter auf dem Mars als auf der Erde, deswegen können wir einfach hüpfen und weit springen. – Wir sind in einer richtigen Wüste gelandet mit Sand, Steinbrocken und felsigen Bergen am Horizont. Die Sonne scheint, und weil sie hier viel schwächer ist als auf der Erde, erscheint alles in einem matten Zwielicht. Der Himmel ist rötlich, nicht blau. Es gibt Wind, der manchmal feinen Sand mit sich bringt. Gut, dass wir den Raumanzug mit Helm anhaben, denn sonst würde es bald überall knirschen vom Sand. – Nirgendwo gibt es Wasser, alles ist staubtrocken und kalt. Wir laufen und hüpfen ein wenig umher, sammeln Steine für die Forscher, stellen ein paar Messgeräte auf, machen Fotos und Fernsehaufnahmen.

Am Abend erleben wir unseren ersten Sonnenuntergang auf dem Mars. Ein Nachthimmel mit Tausenden Sternen erscheint – darunter die Erde als blau leuchtender heller Punkt. Noch nie war ein Mensch so weit von zu Hause weg!

Am nächsten Tag machen wir uns für den Rückflug klar: An unserer Anzeigentafel checken wir das Raumschiff und starten den Countdown: 5 – 4 – 3 – 2 – 1 – 0!

Der Antrieb brummt wieder, das Raumschiff zittert und hebt vom Marsboden ab. Schnell gewinnt es an Höhe, aus dem Fenster sehen wir von oben noch unsere Fußspuren, dann eilen wir davon. Wir drehen unser Raumschiff der Erde zu, geben den Triebwerken volle Kraft und freuen uns aufs Heimkommen.

Der Mars im Rückfenster wird immer kleiner, die vertraute alte Erde vor uns immer größer. Bald können wir die Wolken, die Meere und die Kontinente erkennen. Die weite Reise geht ihrem Ende zu. – Wir schalten den Antrieb ab, schwenken in eine Umlaufbahn um die Erde ein und zünden die Bremsraketen. Das Raumschiff taucht mit der Nase nach unten ab. Wir dringen in die Lufthülle ein, bremsen, fliegen jetzt schon durch die Wolken, bremsen, sehen die Landschaft, bremsen, sehen die Landebahn vor uns, bremsen, halten darauf zu, gleiten langsam tiefer und setzen wie ein Flugzeug sanft auf der Landebahn auf. Wir rollen aus, schalten alle Motoren ab und geben den Funkspruch durch: WIR SIND ZURÜCK!

Wir öffnen die Ausstiegsluke, die warme Sonne scheint und gute Luft weht herein. Wir klettern aus dem Raumschiff, springen auf den Erdboden und haben ihn wieder unter unseren Füßen, unseren Heimatplaneten. Wir blicken auf die grünen Berge am Horizont mit blauem Himmel darüber und freuen uns; denken an jenen Tag zurück, als wir noch Kinder waren und nur davon träumten, zum Mars zu fliegen – jetzt, hier im Kindergarten (zu Hause, in der Schule...) auf dem Boden liegend.

Beim Einatmen wissen wir: Jetzt atme ich ein. Beim Ausatmen wissen wir: Jetzt atme ich aus. Wir recken und strecken uns, bewegen uns, öffnen die Augen, kommen wieder in der Gegenwart an."

Die Sagen der Planetengötter

Bei den alten Griechen war es noch einfach: Die Götter erschienen (fast) jede Nacht am Himmel. Während Sternbilder die Heldengeschichten als „Fern-Seh-Programm" darboten, wandelten die Götter selbst als funkelnde Lichter durch das Firmament.

Das hellste Gestirn ist die Sonne, die vom **Sonnengott Helios** auf einem pferdebespannten Wagen auf ihre Bahn über den Himmel gelenkt wurde: Frühmorgens öffnete Eos, die Göttin der Morgenröte, das Himmelstor im Osten. Helios gab den Pferden Kommando und das Gespann trat durch das Tor – die Sonne erschien, ein neuer Tag begann. Helios lenkte den Wagen aufwärts gen Süden, wo er mittags den höchsten Punkt der Bahn erreichte. Ab da führte sein Weg langsam wieder hinunter zum Horizont, den er abends im Westen erreichte. Das Tagwerk war getan, das helle Gestirn verschwand vom Himmel, es wurde dunkel und kühl, die Nacht war angebrochen.

Dass es gar nicht leicht ist, die grelle, heiße Sonne auf der richtigen Bahn zu halten, das zeigte sich eines Tages, als Helios Sohn Phaeton den Vater im Palast besuchte. Phaeton war Kind einer menschlichen Mutter und des Gottes – was ihm seine Freunde aber nicht glaubten. Vater Helios gab sein Wort, einen Beweis für die Vaterschaft zu erbringen. Phaeton bat darum, einen Tag lang den Sonnenwagen zu lenken, so dass alle sehen könnten, wessen Kind er war. Wie bereute Helios nun sein leichtfertiges Versprechen – denn dieser Aufgabe war nur ein Gott gewachsen. Helios Bangen und Flehen nützte nichts, Phaeton bestand auf Einhaltung des gegebenen Wortes. So machte er sich in der Frühe des nächsten Morgens

auf den Wagen, der Vater gab noch gute Ratschläge, den mittleren Weg einzuhalten: nicht zu nah an den Sternen und nicht zu nah der Erde. Eos öffnete das Himmelstor und die Pferde trabten los. Die Tiere merkten gleich die viel leichtere Hand an den Zügeln und die Unerfahrenheit des Jungen, sie verließen den vorgegebenen Pfad, rannten wild ihren eigenen Weg. Die Sonne kam dem Himmelsgewölbe bald zu nah, so dass einige Sterne brennend zur Erde fielen. Dem Phaeton wurde schwindelig, als er von der großen Höhe auf die Erde tief unten sah – er ließ erschrocken die Zügel fahren. Da wechselten die Rösser plötzlich wieder die Richtung und kamen bald der Erde zu nah, wo die Sonne alles verbrannte. Die Griechen glaubten, dass die Sonne damals besonders nah an Afrika kam, so dass die Menschen dort schwarz geworden sind. Schließlich konnte Phaeton sich selbst nicht mehr auf dem schlingernden Wagen mit der brennend heißen Sonne halten und stürzte zur Erde. Wie eine brennende Fackel fiel er nieder und kam zu Tode. Am Abend kehrten die Pferde mit dem Sonnenwagen wie gewohnt zurück. Voller Gram nahm Helios den Wagen in Empfang und weinte über den Tod seines Sohnes.

Der Gott **Merkur** entspringt der griechischen Entsprechung *Hermes*. Er war der Gott der Händler, Betrüger und Diebe, außerdem brachte er Botschaften von den Göttern zu den Menschen. Hermes war ein listiger, schlauer Schnelldenker. Schon als kleines Kind wusste er seinen Vorteil zu erschleichen und unredliche Taten zu verbergen. Eines Tages stahl er die weißen Rinder, die dem Gott Apollon geweiht waren. Damit seine Fußspuren ihn nicht verrieten, zog er viel zu große

Schuhe an – und diese noch verkehrt herum, so dass ein Verfolger den Spuren in die falsche Richtung nachgehen würde. Eine geraume Weile später kam Apollon dem Täter dennoch auf die Schliche (nicht ohne von dessen Listigkeit beeindruckt zu sein). Um einer Strafe zu entgehen, machte Hermes dem Apollon ein bedeutendes Geschenk: ein mit Tierhaut und Darmsaiten bezogener leerer Schildkrötenpanzer, mit dem sich wunderschöne Töne erzeugen ließen. Hermes hatte das nur als Spielzeug angefertigt, aber Apollon wusste um den Wert – Hermes hatte die Leier erfunden, das erste Musikinstrument der Welt. Diese Leier steht heute als Sternbild am Sommerhimmel, mit dem hellen Stern Wega hoch über unseren Köpfen ist sie gar nicht zu übersehen.

Die **Venus** (griechisch *Aphrodite*) war die Göttin der Schönheit und der Liebe. Sie hat vielen Göttern und Menschen den Kopf verdreht und ganze Dramen von Eifersucht bis hin zum Trojanischen Krieg ausgelöst. Aber auch wenn zwei Menschen sich innig liebten, war Aphrodite dabei und schützte ihre Verbindung.

Mars (griechisch *Ares*) war der Kriegsgott und stiftete Streit, er liebte das Kämpfen. Seltsam genug: Venus und Mars waren ein heimliches Liebespaar. Aus ihrer Beziehung entstammen zwei Kinder – der Junge Eros und das Mädchen Harmonia.

Der **Jupiter** (griechisch *Zeus*) gilt als „Vater der Götter", als ihr Oberhaupt. Bekannt ist er als gekrönter Herrscher des Himmels, der Blitze als Waffen schleudert. Seine Göttergattin ist *Juno* (griechisch *Hera*), die er nur allzu oft verärgerte: Zeus hatte unzählige Liebschaften mit Göttinnen und Menschenfrauen. Leider rächte sich Hera immer in ihrer Eifersucht nur an den Frauen – den Geliebten des Zeus ging es dann meistens schlecht. So wurde z.B. die Nymphe Callisto von Hera in eine Bärin verwandelt.

Saturn (griechisch *Kronos*) war der Herr über die Zeit und das Schicksal. Er wurde als alter, hagerer Mann mit siechem Schritt dargestellt. Er schickte Prüfungen und Leid, woran die Menschen reifen sollten. Kronos ist der Vater des Zeus.

Als Planetengötter verkleiden

Material: Verkleidungskiste mit vielen Tüchern, Kleidung aller Art, Hüten, Kronen, Requisiten
Alter: ab 5 Jahren

Die Spielleitung erzählt den Kindern von den Göttern, die Pate standen für die Namen der Planeten, woraufhin sich jedes Kind als einen dieser Götter verkleidet. Hinterher führt es seine Verkleidung vor, die anderen raten, als welcher Planetengott es auftritt.

Planetenmobile basteln

Material: Pappe, Schere, weißes Papier, Kleber, Kleister, Fingerfarben, Nadel und Faden, Rundhölzer von ca. 5 mm Durchmesser, kleine Holzsäge
Alter: ab 4 Jahren (mit Hilfestellung bei der Aufhängung) (mit Varianten ab 6 Jahren)

Aus der Pappe verschieden große Kreise als Planeten ausschneiden und mit weißem Papier beidseitig bekleben.
Nach dem Trocknen des Klebstoffs das Papier vorsichtig mit Kleister bestreichen und mit Fingerfarben in den entsprechenden Planetenfarben marmorähnliche Oberflächen gestalten.
Nach dem Trocknen werden die Planeten an der Decke oder an zugeschnittenen Rundhölzern zu einem Planetenmobile befestigt.

Varianten ab 6 Jahren: Mit Hilfe von Planetenfotos originalgetreue Planeten basteln oder die Gesichter der Planetengötter hineinmalen.

Himmlische Stromer: Sternschnuppen und Kometen

Neben dem Mond, den Sternen und den Planeten gibt es auch noch andere, aber seltener zu beobachtende Phänomene am Nachthimmel.

Sternschnuppen

Sie sind nicht wirklich selten, dennoch haben bei uns selbst viele Erwachsene noch nie eine Sternschnuppe gesehen (manche halten sie sogar für eine Legende wie das Christkind). Sternschnuppen zeigen sich eben nur dann und wann, man braucht etwas Zeit unter dem Sternenhimmel sowie das Glück, im richtigen Moment an die richtige Stelle zu schauen. Wenn man eine erhascht, ist das ein beglückendes Erlebnis – als fiele ein Stern vom Himmel, huscht irrwitzig schnell ein feines Licht vom Himmel herunter, manchmal gefolgt von einem glühenden Schweif. Jetzt ganz schnell die Augen schließen und still etwas wünschen... Vorsicht, diese Wünsche gehen in Erfüllung (wenn auch nicht immer sofort)!

Natürlich fällt kein Stern vom Himmel, das wäre in der Tat ein fatales Ereignis. Es sind stattdessen kleine Gesteinsteilchen aus dem Weltall, manchmal nur staubkorngroß, die mit der Erde zusammenstoßen. Die Lufthülle schützt uns davor, mit dem Klumpen bombardiert zu werden: Mit sehr hoher Geschwindigkeit dringen die Teilchen in die Lufthülle ein und verglühen darin. Gelegentlich sind es auch größere Brocken, so groß, dass sie bei ihrem Sturz nicht ganz verglühen, die Reste schlagen als Meteorite auf den Erdboden. Meist sind das nur steinchen- oder faustgroße Klumpen, die nicht viel Schaden anrichten.

Zu verschiedenen Jahreszeiten lassen sich besonders viele Sternschnuppen beobachten; die Prognosen über Sternschnuppenschwärme finden sich in astronomischen Jahrbüchern, gelegentlich in der Tagespresse und auch im Internet unter

http://www.maa.mhn.de/dt_home.html;
http://home.t-online.de/home/maxwells.
   world/strme.htm
http://www.astronomie.at/Meteor/
   METCAL.HTM

Eulalia im Stern-schnuppenfieber

Heute kann Eulalia überhaupt nicht einschla-fen. Die ganze Nacht schon steht sie am Fenster und schaut in die Sterne. Sie ist fest davon überzeugt: Heute ist eine ganze besondere Nacht.

In ihrem Sternenbuch hat Eulalia gelesen, dass in dieser Nacht mit sehr vielen Sternschnuppen zu rechnen sei, da die Erde gerade an einem Sternschnuppenschwarm vorbeifliegt. Na ja, ganz so genau nimmt es Eulalia nicht mit der Natur der Sternschnuppen – für sie sind es be-sondere Sterne, die extra für sie vom Himmel auf die Erde fallen, denn für jede Sternschnup-pe darf sie sich etwas wünschen!

Die Kinder finden ihre Freundin am nächsten Morgen sternschnuppentrunken in ihrem Bett. Auf ihrer Nase finden sich sogar ein paar Glit-zersterne.

Sind das auf Eulalias Nase die Funken von den vielen Wunsch-Sternen, die sie in der vergan-genen Nacht gesehen hat? An die Anzahl der Sternschnuppen kann sich Eulalia jedenfalls nicht mehr erinnern. Was sie sich wohl alles ge-wünscht hat? Verraten wird sie es nicht, denn dann gehen die Wünsche nicht in Erfüllung. Aber ihr könnt ja mal raten... Und was würdet ihr euch alles wünschen in einer Sternschnup-pennacht?

Wer ist die Sternschnuppe?

Sternschnuppen sind unvorhergesehene Ereignisse und selbst geübte Sternengucker müssen schnell sein.

Material: Stühle oder andere markierte Sitzplätze
Alter: ab 4 Jahren (mit Variante)

Es gibt einen Sitzplatz weniger als Mitspieler. Ein Kind verlässt den Raum, die anderen sitzen im Kreis. Die Spielleitung wählt durch Handzeichen eins der Kinder aus. Dieses Kind ist die Sternschnuppe, die anderen Kinder sind normale Sterne. Das abwesende Kind wird wieder in den Kreis gebeten und darf nun durch Fragen herausfinden, wer die Sternschnuppe ist: „Oh, was leuchtest du so schön, bist du die Sternschnuppe?" Die Kinder antworten: „Nein, ich bin ein Stern" oder „... ein Planet" , „... ein Satellit" oder gar „Nein, ich bin der Mond". Sobald die Sternschnuppe entdeckt ist und mit „Ja" antwortet, wechseln alle Kinder ganz schnell die Plätze. Wer keinen Sitzplatz mehr bekommt, geht als nächster raus zum Raten.

Variante: Ältere Kinder können sich Sternennamen ausdenken (z.B. Wega, Regulus, Jupiter, aber auch Phantasienamen). Die Frage lautet dann: „Oh, du strahlst so schön, welcher Stern bist du denn?" Die Sterne antworten mit ihren Namen, die Sternschnuppe mit „Ich bin eine Sternschnuppe!" – und augenblicklich springen alle auf, um die Plätze zu wechseln.

Fliegende Sternschnuppen

Die Kinder basteln aus Leuchtknete Sternschnuppen und lassen sie im Dunkeln fliegen.

Material: Leuchtknete, kleine durchsichtige Plastikbeutel, Clipverschlüsse oder Schnur und Schere, gold- oder silberglänzendes Geschenkband
Alter: ab 4 Jahren

Die Leuchtknete in etwa walnussgroßen Portionen in Plastikbeutel verpacken, mit Schnur oder Clips verschließen.
An jeden Beutel einen ca. 3–5 cm langen Schweif aus Geschenkband binden.
Am schönsten ist, wenn jedes Kind drei bis fünf Sternschnuppen hat.
Die Leuchtknete-Sternschnuppen draußen im Sonnenlicht aufladen lassen und währenddessen den Raum möglichst dicht verdunkeln.
Dann holen alle ihre Sternschnuppen, kommen in den Raum und wenn die Türe zu – d. h. die Nacht hereingebrochen – ist, schleudern die Kinder ihre Sternschnuppen kreuz und quer durch den Himmel...

Sternschnuppenschleuder

Mit einem Löffel schleudern die Kinder ihre Sternschnuppen auf eine Zielscheibe – den Erdplaneten.

Material: Holzbrett ca. 40 x 40 cm, blaue Mülltüte, Kreppklebeband, Eddings in Blau, Braun, Grün und evtl. Weiß, Lichterkette, stabile Plastiklöffel, Sternschnuppen aus Leuchtknete (s. „Fliegende Sternschnuppen")
Alter: ab 4 Jahren

Das Brett mit der blauen Mülltüte verkleiden, dabei straff über das Brett spannen und auf der Rückseite mit Kreppklebeband festkleben.
Mit Eddings unsere Erde mit umgebendem Weltraum darauf malen. Die Erdkugel ist hier eine Zielscheibe und sollte je nach Alter der Kinder größer oder kleiner sein: für jüngere Kinder fast bildfüllend, bei älteren zunehmend kleiner.
Die Erd-Zielscheibe aufstellen, z. B. an eine Wand, einen Tisch oder einen Stuhl lehnen, und die Lichterkette als Sternenhimmel um die Erde herum drapieren.
Den Raum abdunkeln und die Lichterkette einschalten.
Aus angemessener Entfernung mit einem Plastiklöffel die Sternschnuppen Richtung Erde schleudern; jedes Kind hat drei Versuche. Für jeden Treffer darf sich das Kind etwas wünschen... aber den Wunsch nicht verraten, sonst geht er nicht in Erfüllung!
Bestimmt wünschen sich die Kinder noch einen zweiten Durchgang und einen dritten...

Sternschnuppen-Adventskalender

Die Kinder basteln einen Sternschnuppenkalender, bei dem sich jeden Tag ein anderes Kind etwas wünschen darf.

Material: Pappe, Stift, Schere, blaues Tuch, Reißzwecke, Goldpapier, Lametta, Klebstoff, Streichholzschachteln, Goldfolie, Nadel und Faden, Leuchtsterne oder ähnlich leichte Dinge zum Füllen der Sternschnuppen
Alter: ab 3 Jahren

Sterne auf Pappe zeichnen und als Schablonen ausschneiden. Das Tuch als Himmel mit Reißzwecken an der Decke aufhängen.
Mit den Sternschablonen Sterne auf Goldpapier zeichnen und ausschneiden. Lamettastreifen an die Goldsterne kleben. Die Streichholzschachteln mit Goldfolie verkleiden und auf den Goldstern kleben.
Nach Fertigstellung der Sternschnuppen heimlich die Überraschungen (Leuchtsterne u. Ä.) in die Sternschnuppen füllen. Die Sternschnuppen mit Fäden am Himmel befestigen.
Jeden Tag fällt eine Sternschnuppe vom Himmel: Den Faden durchschneiden, ein Kind darf den fallenden Stern auffangen, das Überraschungspäckchen öffnen und sich etwas von den anderen Kindern wünschen: ein Spiel, etwas zu bauen o. Ä.

Kometen

Alle Jahrzehnte taucht ein mit bloßem Auge sichtbarer Komet an unserem Himmel auf. Es gibt vorausberechnete Kometen, die in regelmäßigen Bahnen um die Sonne kreisen, aber auch Überraschungsbesucher, die ganz unvermutet aufkreuzen. Ihr Erscheinen und wie sie am Himmel aufzufinden sind beschreibt dann jeweils die Tagespresse. Die meisten dieser Kometen sind nur schwache Lichtflecke am Himmel, erst im Fernglas zeigt sich ein langer, milchiger Schweif. Helle Kometen mit großem, geteiltem Schweif wie Hale-Bopp sind Jahrhunderterscheinungen.

Kometen bestehen aus gefrorenen Gasen und Staub. Ihr fester Kern ist meist nur wenige Kilometer groß und würde im Weltall nicht weiter auffallen. In der Nähe der Sonne taut das Gas jedoch auf, dampft vom Kometenkern ab und reißt Staub mit sich – so entsteht ein milchiger Gasschweif sowie ein fasriger Staubschweif, die beide im Sonnenlicht hell leuchten.

Kometenwettlauf

Beim Staffelspiel im Freien wird der Kometenschweif immer länger.

Material: pro SpielerIn ein buntes Tuch, Spielfeldmarkierung (Kreide, Tücher)
Alter: ab 5 Jahren

Es gibt zwei Teams mit jeweils maximal sieben Kindern. Ein Kind ist die Sonne.
Die Kinder beider Teams stellen sich hintereinander in je eine Reihe, die ersten Kinder beider Reihen stehen sich etwa 5–7 Meter entfernt gegenüber, hinter einer Markierung. In der Mitte zwischen den Teams steht die Sonne. Alle Kinder (außer der Sonne) bekommen ein Tuch und hängen es sich als Kometenschweif an die Kleidung, so dass es beim Laufen hinterherflattert.

Als Startzeichen klatscht die Sonne in die Hände. Das jeweils erste Kind jedes Teams läuft los Richtung Sonne, einmal um sie herum und zurück zur eigenen Gruppe. Dort gibt es sein Tuch dem nächsten Kind, das es sich zusätzlich anhängt, und läuft mit diesem zusammen an der Hand erneut los, um die Sonne herum. Das dritte Kind bekommt nun beide Tücher, klemmt sie an der Kleidung fest und schließt sich den beiden ersten Kindern des Teams an. Jetzt rennen sie zu dritt einmal um die Sonne und zurück, nehmen das vierte Kind mit usw. Das letzte Kind der Kette bekommt alle Tücher der anderen und muss sie erst zu einem riesigen Kometenschweif zusammenknoten, bevor die Gruppe zur letzten Runde losrennen darf, beim Zusammenknoten dürfen alle Kinder des Teams helfen. Gewonnen hat die Gruppe, die mit allen Kindern und langem Schweif zuerst bei der Sonne ankommt.

Reisende im All

Satelliten, Raum- sonden, Raumschiffe und Astronauten

Abends vor Mitternacht oder früh morgens sieht man am Himmel weiß leuchtende „Ster- ne", die mit einer steten, raschen Geschwindig- keit in gerader Linie über den ganzen Himmel ziehen. Sie sind meistens nicht besonders hell, blinken aber gelegentlich langsam und regel- mäßig. Vor hundert Jahren gab es dieses Phä- nomen am Himmel noch gar nicht: Satelliten. Befinden sie sich bei ihrem Weg um die Erde noch im Sonnenlicht, leuchten sie hell auf und erscheinen wie kleine Sterne. Manche Satelliten rotieren um die eigene Achse und wenden uns dabei mal eine dunkle, mal eine helle Seite zu, sie „blinken". Geraten die Satelliten dann über der Nachtseite der Erde in den Schatten, er- lischt ihr Licht schlagartig.

Tausende von Satelliten in der Erdumlaufbahn sind nützlich beim Telefonieren, Fernsehen, bei der Wettervorhersage, der Rüstungskon- trolle, für Navigationssysteme, für die For- schung usw. Gelegentlich huscht auch mal ein bemanntes Raumfahrzeug über den Himmel: ein Spaceshuttle oder die ISS (Internationale Raumstation).
Neben den unzähligen Satelliten haben Men- schen auch schon unbemannte Raumsonden zu anderen Planeten entsandt, um dort Fotos und wissenschaftliche Messungen zu machen. Manche sind auf Planeten gelandet und haben dort im Boden gegraben oder ferngesteuerte Erkundungs-Fahrzeuge abgesetzt.
Bemannte Raumfahrt gab es bisher nur in der Erdumlaufbahn und bis zum Mond.

Wir fliegen ins All

⊙ 23
Text: B. Laux
Musik: G. Geisinger/B. Windisch

Wir flie - gen in das All hi - naus und mit da - bei ist uns - re Maus. Der

Er - de sa - gen wir a - de, wir he - ben ab, ist schon o - kay. Als

ers - tes flie - gen wir zum Mond, Eu - la - lia weiß, dass sich das lohnt. Die

Lan - de - fäh - re, die fährt aus, wir sind so leicht wie ei - ne Maus.

Wir fliegen in das All hinaus
Und mit dabei ist unsre Maus
Der Erde sagen wir ade
Wir heben ab, ist schon o.k.

Zwischenthema: (gesprochen)
10 – 9 – 8 – sieben,
wären wir doch geblieben.
6 – 5 – 4 – 3 – 2 – 1 – Null!
Wir fliegen!

Als Erstes fliegen wir zum Mond,
Eulalia weiß, das sich das lohnt
Die Landefähre, die fährt aus
Wir sind so leicht wie eine Maus

Wir sausen dann am Mars vorbei
Geschwindigkeit ist Zauberei
Zum Jupiter ist es noch weit
Es dauert fast 'ne Ewigkeit

Und weiter geht es zum Saturn
Wir durchqueren einen Kometensturm
Und Uranus ist schon in Sicht
Doch bleiben können wir dort nicht

Neptun lassen wir links liegen
Bei Pluto heißt es: weiterfliegen
So fliegen wir ins All hinaus
Mit Eulalia unsrer Maus

Videos von Raumflügen ansehen

Die Kreisbildstellen und manche Stadtbibliotheken halten Videos bereit, die bisherige Raumflüge (etwa den von Apollo 11 zum Mond) dokumentieren. Diese Videos sind meist nicht allzu lang und zeigen den Kindern, wie man sich in der Schwerelosigkeit oder auf dem Mond bewegen kann. Außerdem sind sie eine gute Einleitung zu Projekten und Aktivitäten zum Thema.

Material: Videomaterial aus Bibliotheken, Videorecorder
Alter: ab 5 Jahren

Die Videos mit den Kindern ansehen und gemeinsam kommentieren, besprechen, staunen...

Ein Raumanzug für Eulalia und andere Kuscheltiere

Material: je Kind ein eigenes Lieblings-Kuscheltier, pro Raumanzug eine weiße oder metallisch glänzende, kleine Plastiktüte, Schere, leere Alu-Vakuumverpackung (z. B. von Kaffee), zwei leere Plastikröhrchen (z. B. von Vitaminbrausetabletten), Klebeband, Alufolie, Gummibänder, Drehverschluss einer Pfandflasche, Handbohrer, Strick
Alter: ab 5 Jahren (mit Hilfe)

- Aus den kleinen Plastiktüten für Eulalia und die Kuscheltiere der Kinder Astronautenjacken schneidern: Ein Loch in den Boden der Tüte schneiden für den Kopf, zwei weitere Löcher in die Ecken für die Arme.
- In eine Alu-Vakuumverpackung auf der Vorderseite ein Sichtfenster und in die Seiten Löcher für Ohren schneiden; das ist der Helm.
- Die Plastikröhrchen nebeneinander mit Klebeband zusammenkleben, mit Alufolie verkleiden und mit einem Gummi am Kopf der Kuscheltiere befestigen – fertig sind die Sauerstoffflaschen.
- Nun die Atemmaske herstellen: Den Drehverschluss einer Pfandflasche an den Seiten zweimal durchbohren und ein Gummi daran befestigen. Ein Loch in den Boden des Drehverschlusses bohren, ein Stück Strick mit Alufolie umwickeln und diesen als Atemschlauch durch das Loch ziehen. Mit einem Knoten gegen Herausrutschen sichern. Atemschlauch an die Sauerstoffflaschen anknoten.

Helm und Atemmaske aufsetzen und Sauerstoffflaschen umschnallen – fertig sind Mondmaus und Kuscheltiere für den Ausflug ins Weltall!

Eulalia, die Weltraumfahrerin

Nachdem Eulalia in ihren Träumen bereits weite Räume des Alls bereist hat, möchte sie nun endlich wirklich in den Weltraum fliegen. Ob die Kinder sie wohl begleiten? Allein traut sie sich nicht. Außerdem macht eine Reise mit Freunden viel mehr Spaß.

Was müssen wir denn bloß alles mitnehmen?

Eulalia steht schon in voller Ausrüstung bereit: Sie zeigt ihren Astronautenhelm, den Raumanzug und die lebenswichtigen Sauerstoffflaschen auf dem Rücken. War da noch was? Mensch Maus, da war doch noch etwas, das sie auf gar keinen Fall vergessen wollte. Hatte sie nicht gerade erst ihre Astronautenprüfung abgelegt und sich alles genauestens eingeprägt? Spezielle Weltraumnahrung müssen sie mitnehmen, denn im Weltraum gibt es keine Imbissbuden. Und Astronauten müssen natürlich auch etwas trinken bei so einer weiten Reise...

Spaceshuttle bauen aus Kartons

Material: 2–3 große Kartons, Stift, Teppichmesser oder anderes scharfes Messer, ein großer Bogen Tonpapier, größere Pappröhren (z. B. Abfall von Druckereien, Grafikbetrieben o. Ä.), Alufolie, Kreppklebeband, Krepppapier in Gelb, Orange und Rot, Schere, weiße und schwarze Dispersionsfarbe, dicke Pinsel

Alter: ab 4 Jahren (mit Hilfe)

Die Kartons senkrecht übereinander stellen, Fenster einzeichnen und ausschneiden.

Kartons an den kleineren Seiten aufschneiden und senkrecht ineinander stecken, so dass ein stabiler Kartonturm als Shuttlekörper entsteht. Mit Kreppklebeband fixieren.

Tonpapier zu einer passenden Spitze zusammenrollen, kleben und am oberen Ende des Kartonturms befestigen.

Pappröhren mit Alufolie verkleiden und mit Kreppklebeband an den Seiten als Booster-Triebwerke befestigen.

Gelbes, rotes und orangefarbenes Krepppapier in Streifen schneiden und an die unteren Enden der Pappröhren kleben – als Austritt der feurigen Düsengase.

Das Modell weiß anmalen, die „Unterseite" als Hitzeschutzschild schwarz.

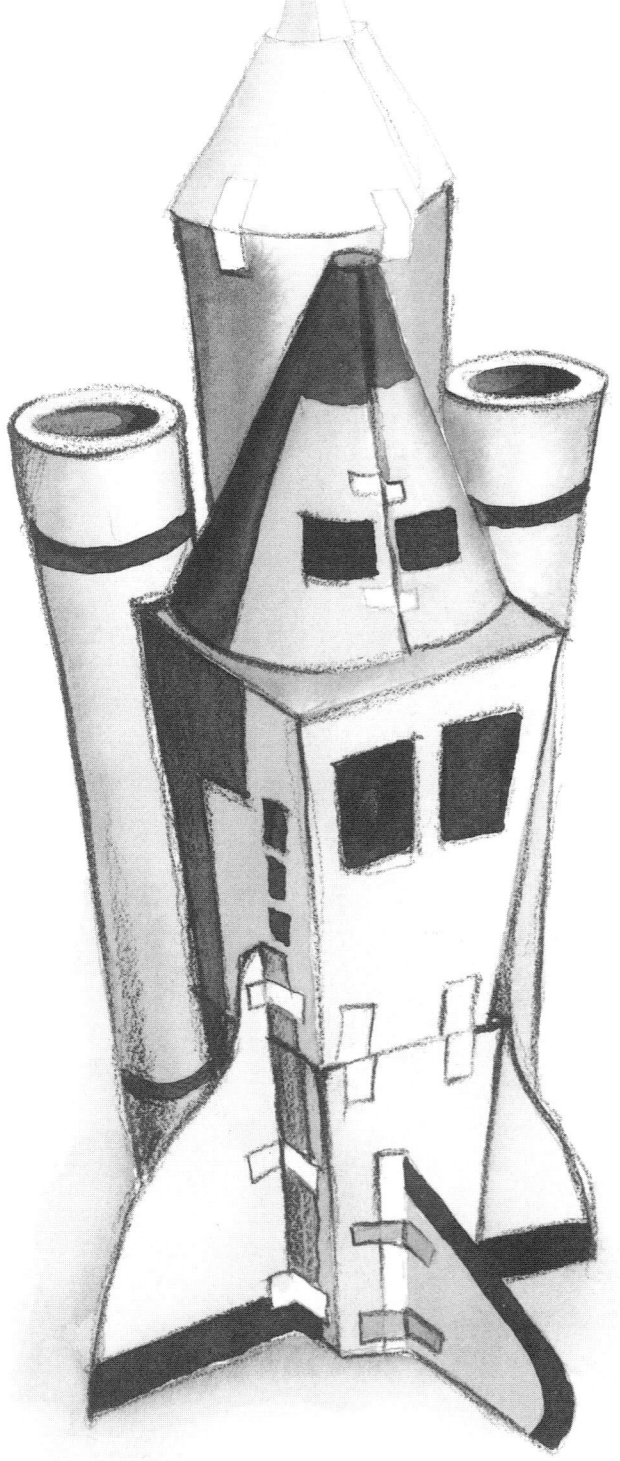

Roboter baueŋ uŋd eiŋsetzeŋ

Roboter spielen in der Erforschung der Planeten eine große Rolle: Sie entnehmen Bodenproben und analysieren sie, machen Fotos und Messungen, erkunden ferngesteuert die geheimnisvolle fremde Oberfläche.

Material: Pappkartons in verschiedenen Größen, Schere, Fingerfarben oder Dispersionsfarben, Pinsel, Alufolie, Theaterschminke in Gold- und Silbermetallic, Haargel, Papiertüte, Draht, Kabelreste, Silbermetallicperlen, Schrauben, Schraubmuttern u. Ä.
Alter: ab 4 Jahren

Als Roboterkörper einen passenden Karton auswählen; er sollte den Körper eines Kindes vom Hals bis zu den Oberschenkeln bedecken. Löcher für Arme und Beine einschneiden, anprobieren, anmalen und mit Alufolie bekleben. Das Gesicht entweder robotermäßig schminken oder eine Robotermaske bauen: Eine Papiertüte bemalen und Löcher für Augen, Nase und evtl. auch für den Mund ausschneiden.
Mit Draht, Alufolie, Kabelresten, Schrauben, Perlen etc. verzieren.

Wenn der Roboter fertig ist, wird er auf einem fremden Planeten ausgesetzt, z. B. in einem Garten. Die Kinder sind Wissenschaftler, die sich darüber einigen, was der Roboter jetzt erforschen soll – ein Kind spielt die Fernsteuerung und lenkt den Roboter mit Zuruf. Besonders spannend ist es, wenn der Roboter auf einem bemannten Planeten landet und seine Bewohner erkundet – zum Beispiel in einer Fußgängerzone oder auf einem Pausenhof.

Astronautenanzüge basteln

Jedes Kind bastelt sich einen Raumanzug mit Helm und Sauerstoffflasche.

Material: für jedes Kind einen großen Müllsack (wenn möglich weiß), Schere, Paketschnur oder Bänder, Tacker, verschieden große Plastiktüten, je eine Papiertüte, Alufolie, je zwei leere 1.5 l Mineralwasserflaschen aus Plastik, Kreppklebeband oder Isolierband, Hosengummi, je einen leeren Joghurtbecher
Alter: ab 5 Jahren (mit Hilfe eines Erwachsenen)

- Für den Raumanzug aus dem geschlossenen Ende des Müllsacks einen Halbkreis als Halsausschnitt ausschneiden. Für die Arme rechts und links oben je ein ca. 10 cm breites Loch einschneiden. Müllsack überziehen und mit Schnur oder Band um die Hüfte tailliert zusammenbinden. Für die Beine den Müllsack bis zum Schritt aufschneiden und die Hosenbeine zusammentackern.
- Mit den Schuhen jeweils in eine Plastiktüte steigen und diese etwa knöchelhoch festbinden – das sind die Weltraumstiefel. Handschuhe werden auf dieselbe Weise aus kleinen Plastiktüten hergestellt (erst ganz zum Schluss hineinschlüpfen und zubinden lassen).
- Papiertüte an den Seiten jeweils bis ca. zur Hälfte aufschneiden und die entstandenen Laschen vorne und hinten nach innen klappen, festtackern oder kleben. In die Vorderseite ein großes Fenster für das Gesicht hineinschneiden. Den so entstandenen Helm mit Alufolie verkleiden.
- Für die Sauerstoffflaschen die Etiketten von den Wasserflaschen entfernen. Je zwei Flaschen mit Klebeband aneinander kleben. Mit dem Hosengummi Träger anbringen, um die Flaschen wie einen Rucksack auf den Rücken zu schnallen. In beide Flaschenhälse ca. 60–70 cm lange Schnüre stecken und mit den Schraubverschlüssen befestigen. Die Schnüre mit Alufolie umwickeln, dabei nach ca. 15 cm zu einem Strang zusammenfassen und dann weiter mit Alufolie verkleiden.
- Die Joghurtbecher werden zu Atemmasken: Mit der Schere ein Loch in den Boden des Bechers bohren, am Rand zwei zusätzliche kleine Löcher bohren, um die Sauerstoffmaske später mit einem Gummi am Kopf zu befestigen. Mit Alufolie verkleiden und Haltegummi festknoten; die Schnüre aus der Sauerstoffflasche in das Bodenloch der Maske stecken und mit einem Knoten am Ende vor dem Herausrutschen sichern.

Bei so viel Arbeit für den Raumanzug muss der natürlich auch eingesetzt werden – siehe die Weltraumreise auf Seite 109.

Weltraumnahrung

Auch Weltraumfahrer müssen etwas essen. Das ist gar nicht so einfach im Weltall, wo alles schwerelos ist – auch das Essen. Knusprige Brötchen oder bröseligen Kuchen kann kein Astronaut gebrauchen, denn hinterher fliegen alle Krümel rund durch die Kabine. Auch Saft oder Tee einschenken funktioniert nicht im Weltall, denn die Flüssigkeiten schweben einfach irgendwohin, vielleicht sogar in den Computer. Deshalb gibt es spezielle Astronautennahrung.

Astronauten-Frühstück

Zutaten: 1 Banane, 400 g Grieß, ca. 1 l Milch

Aus Grieß und Milch einen Grießpudding kochen (Milch je nach gewünschter Konsistenz zugeben) und abkühlen lassen. Währenddessen Banane schälen, in kleine Stücke schneiden, pürieren und untermischen. Die fertige Masse portionsweise in Gefrierbeutel füllen, verschließen und die Aufkleber mit Inhalt („Frühstück") und Namen der Kinder kennzeichnen.

Astronauten-Power-Balls

Zutaten: 100 g fein gemahlene Mandeln, etwas Sahne, etwas Honig, eine Hand voll feine Haferflocken, etwas Kakao zum Einfärben

Gemahlene Mandeln mit etwas Sahne, Honig und feinen Haferflocken mischen, bis eine teigige Masse entsteht, und mit Kakao appetitlich färben. Daraus kleine Bällchen formen.

Bällchen für Bällchen in einen Gefrierbeutel füllen: Dabei nach jedem Bällchen den Beutel dicht zusammendrehen und mit einem Gummiring abschließen, bevor das nächste eingefüllt wird. Auf diese Weise entsteht eine Perlenkette von „Powerballs".
„Powerballs" werden Stück für Stück gegessen, ein Ball nach dem anderen als ganzer Happen!

Astronauten-Spaghetti

Zutaten: 400 g Spaghetti, 1 Päckchen passierte Tomaten, 1 kleine Dose Tomatenmark, Sahne, Gewürze (Pfeffer und Salz, Kräuter), 1 TL Olivenöl

Spaghetti in einem großen Kochtopf in ausreichend Wasser mit etwas Salz und dem Olivenöl ca. 10 Minuten kochen, abseihen und in eine Schüssel geben. In den kleineren Topf die Tomaten geben, Sahne, Tomatenmark und die Gewürze hinzugeben, verrühren, kurz aufkochen und abschmecken.
Einen Teil der Soße über die Spaghetti geben und beides zusammen mit dem Pürierstab zu einem Brei mixen. Konsistenz des Breis mit weiterer Zugabe von Tomatensoße steuern, er sollte nicht zu flüssig werden! Den Brei anschließend portionsweise in Gefrierbeutel füllen, gut verschließen und die Aufkleber mit Inhalt („Mittag") und Namen kennzeichnen.
Die Weltraumspaghetti sollten warm gegessen werden, nötigenfalls ganz kurz in der Mikrowelle nachwärmen!

Astronauten-Nachtisch

Zutaten: 500 ml Milch, 1 Päckchen Pudding-pulver nach Geschmack, Zucker oder anderes Süßungsmittel (z. B. Ahornsirup)

Pudding laut Packungsanleitung kochen und abkühlen lassen. Fertige Masse in Gefrierbeutel füllen und verschließen, Aufkleber mit Inhalt („Nachtisch") und Namen kennzeichnen.

Zur Astronautennahrung gehört auch eine Raumschiff-Küche (s. u.). Aber auch ohne die kann die Astronautennahrung verspeist werden: Die Beutel an einer Ecke anschneiden, so dass ein kleines Loch entsteht. Daraus wird das Essen aus dem Beutel gesaugt, ohne dass irgendwelche Nahrung durch das Raumschiff schweben kann.

Hinweis: Alle hier hergestellten Astronautenmenüs sollten frisch gegessen werden, allenfalls – über Nacht im Kühlschrank aufbewahrt – am nächsten Tag aufgewärmt werden.

Raumschiff-Küche

Eine Raumschiff-Küche sieht ganz anders aus als eine Küche auf der Erde: Es gibt gar keine Töpfe, Pfannen, Mixgeräte, Herdplatten, Spülmaschine... Die auf der Erde schon zubereitete Weltraumnahrung lagert gekühlt in speziellen Schränken, in denen sie nicht herumschweben kann. Zur Essenszeit wird das betreffende Menüpaket einfach aus dem Schrank geholt, in einem Mikrowellenofen erhitzt und direkt aus der Packung verspeist.

Material: je ein größerer Pappkarton mit geschlossenem Boden, starkes Gummiband, Schere oder Teppichmesser, Holzperlen, je ein kleinerer Karton (Schuhkarton o. Ä.), Tacker
Alter: ab 5 Jahren (mit Variante)

Je vier Kinder basteln sich eine Weltraumküche für ihre Weltraumnahrung:
- Den großen Karton auf die Seite legen, so dass er einen Schrank bildet. In die Seiten-, Hinter- und Bodenfläche des Schranks Löcher für die Gummibänder einstechen, die Gummibänder sollen stramm längs und quer über die Nahrungsbeutel gezogen werden können. Bänder durchziehen und festtackern oder Holzperlen als „Stopper" auf der Kartonaußenseite anbringen.
- Auf den „Schrank" wird ein kleiner Karton als Mikrowellenofen festgetackert.
- Die Beutel mit der Astronautennahrung verstauen, d.h. unter die Gummis klemmen.
Achtung: Die Plastikbeutel müssen gut verschlossen und dürfen nicht zu voll sein, damit der Inhalt nicht herausläuft!
Zur Not kann auf die Haltebänder auch verzichtet werden. Sie sind im Weltall zwar lebenswichtig, aber im Kindergarten funktioniert

auch die Einfachversion, bei der die Beutel im Raumschiffkühlschrank nur gestapelt sind.

Zu den Mahlzeiten ziehen sich die Astronauten den entsprechenden Beutel heraus, „wärmen" ihn im „Mikrowellenofen", schneiden dann mit einer Schere eine kleine Ecke weg und saugen die Nahrung aus der Öffnung.
Als Weltraumgetränk eignen sich übrigens Softpacks, die sich mit einem Strohhalm leertrinken und dabei zusammendrücken lassen.

Variante: Da die fertige Weltraumnahrung kaum noch äußere Erkennungsmerkmale hat, bietet sich ein Ratespiel an: Leider hat die Bodenstation vergessen, die Aufkleber auf den Beuteln anzubringen. Was ist wohl da drin?
Einem Kind werden die Augen verbunden, dann probiert es mit Hilfe eines anderen Kindes nacheinander aus den Beuteln und errät den Inhalt.

Astronauten-Gesundheits-Check

Vor dem Flug ins All werden Astronauten gründlich untersucht – schließlich kann man im All keinen Blinddarm operieren oder einen Herzinfarkt behandeln. Die Kinder spielen den Gesundheits-Check als Rollenspiel.

Material: Stühle, Tische, Maßband oder Messlatte, Pappattrappe einer Personenwaage, Arztkoffer, Arztkittel, Schreibblock, Stifte, Stempel und Stempelkissen
Alter: ab 5 Jahren

Die Kinder gestalten mit Tisch und Stühlen, Messlatte und Waage – ein Stück Pappe mit aufgemalter Waage – u. Ä. den Untersuchungsraum.
Einige Kinder sind Ärzte vom medizinischen Dienst der Bodenstation und bekommen als Ausrüstung weiße Kittel und einen Arztkoffer.
Die Astronauten (die anderen Kinder) treten ein und werden einzeln auf ihre Gesundheit geprüft: Puls fühlen, Lunge abhören, Knieflextest, Körpergröße messen, das Gewicht prüfen. Auf einem Stück Papier „schreiben" die Ärzte die Untersuchungsergebnisse auf. Nach erfolgreichem Gesundheits-Check bekommt jedes Kind einen Stempel auf den Handrücken.

Astronauten-Fitness

Astronauten müssen topfit sein, um die großen Belastungen während Start, Flug und Landung auszuhalten. Deswegen gibt es ein Zirkeltraining im Turn- oder Rhythmikraum.

Material: Springseil, Hüpfball, Rhythmikbank, Reifen, Turnmatte, evtl. Hinderniselemente
Alter: ab 4 Jahren

Aus den genannten Geräten und Materialien einen Parcours für ein Zirkeltraining aufbauen:

Geräte/ Trainings-elemente	Übungen
Bank umgedreht aufden Boden legen	*bäuchlings über die Bankoberfläche rutschen, balancieren, mit den Händen abstützen und seitwärts überspringen...*
Springseil	*5, 10 oder 15 x auf der Stelle hüpfen*
Matte	*eine Rolle vorwärts, rückwärts oder ein Rad schlagen*
1–2 Reifen in Reifenhalterung/ -ständer hinterein-ander aufstellen	*durch die Reifen kriechen oder steigen, ohne sie zu berühren*
Hüpfball	*auf dem Ball von einem zum nächsten Hindernis hüpfen und zurück*
Hindernis-elemente, z.B. Holzklötze	*im Slalom um die Hindernisse herum laufen*

Dies sind nur Vorschläge. In der Tabelle sind jeweils mehrere Möglichkeiten angeboten, pro Station sollte aber immer nur eine Bewegung geübt werden, da sonst Verwirrung entsteht. Den Schwierigkeitsgrad auf das Alter der Kinder abstimmen.

Schwerelosigkeits-Training

Das schwerelose Schweben im Weltall gehört zu den für Kinder faszinierendsten und geheimnisvollsten Phänomenen der Raumfahrt. Beim Trampolinspringen können sie kurze Momente der Schwerelosigkeit erleben.

Material: Rhythmikraum oder Turnhalle, ein oder mehrere Trampoline, rutschfeste Matten, evtl. Dekorationsmaterial zum Thema Weltraum (siehe Bastelangebote in den verschiedenen Kapiteln), Lichterkette oder auch Sternendias als Kulisse, Musikanlage mit „Weltraummusik" (z. B. Vangelis oder Vollenweider), evtl. Raumanzüge ohne Helm und Maske
Alter: ab 3 Jahren

Raum mit bereits vorhandenem Bild- und Bastelmaterial (Weltraumbildern, gebastelten Sternen, Sonnen, Monden, Raumschiffen etc.) dekorieren. Musikanlage mit „Weltraummusik" bereitstellen. Trampolin mit dicht angrenzenden Matten sichern. Eventuell eine Lichterkette aufhängen oder einen Diaprojektor mit Dias von Sternen, dem Weltraum oder der Erde bereitstellen, dazu den Raum mäßig abdunkeln.

Die Kinder ziehen sich ggf. ihre Raumanzüge an. Bei jedem Trampolin stehen zwei Erwachsene zum Sichern.
Mit dem Start der Musik darf das erste Kind auf das Trampolin und einige Minuten lang mit Blick auf die Weltraumdias springen, dabei besonders die Schwerelosigkeit genießen. Mit dem Stopp der Musik kommt das nächste Kind an die Reihe.

Astronauten-Notfall-Training

ALARM! ALARM! ALARM! Ein Meteorit hat die Hülle des Raumschiffs durchschlagen! Jetzt muss jeder Handgriff sitzen! – Damit Astronauten im Ernstfall alles richtig machen, üben sie jeden Notfall.

Material: Astronautenanzüge mit Helm, Flaschen und Sauerstoffmaske (S. 99), Stühle (einen weniger als Mitspieler), Hupe oder Klingel
Alter: ab 5 Jahren (mit Variante)

TRAINING 1

Die Stühle stehen angeordnet, wie es in einem Raumschiff sein könnte. Die Kinder sitzen im Kreis darum herum auf dem Boden und haben ihre Astronautenanzüge an – allerdings ohne Handschuhe. Helm, Sauerstoffflaschen und Atemmaske liegen vor ihnen. Auf das Alarmsignal hin (Hupe oder Klingel) schnallt sich jedes Kind so schnell wie möglich die Flaschen um, setzt den Helm auf, zieht die Maske auf und rennt – erst dann! – zu einem freien Platz. Das letzte Kind erreicht keinen Platz und scheidet aus. Für die nächste Runde wird ein weiterer Stuhl entfernt... bis die drei (oder fünf) Besten übrig bleiben.
Variante: Die Kinder tragen während des Trainings ihre Plastiktüten-Handschuhe.

TRAINING 2

Jetzt gilt es, einen ohnmächtigen Astronautenkameraden aus der Gefahrenzone zu retten. Die Kinder bilden 4er Teams. Am einen Ende des Raumes wurden Stühle im Kreis als „Sicherheitsschleuse" aufgestellt – oder einfach die Tür des Zimmers geöffnet. Am anderen Ende des Raumes befinden sich die Teams in Astronautenanzügen – Helme, Masken und Flaschen liegen vor ihnen.

Jeweils ein Kind eines Teams spielt den ohnmächtigen Astronauten.

Auf das Alarmsignal hin, das die Spielleitung mit einer Hupe oder einer Klingel gibt, ziehen die drei anderen des Teams so schnell wie möglich Flaschen, Helme und Masken auf. Sie statten dann ihren ohnmächtigen Kameraden ebenfalls mit Flasche, Helm und Maske aus und tragen ihn anschließend gemeinsam zur Sicherheitsschleuse (oder durch die Tür), wo er gerettet ist.

Den Teams bleiben aber nur zehn bis zwölf Sekunden (je nach Raumgröße mehr oder weniger), um die Sicherheitsschleuse zu erreichen, bevor diese ihre Schotten schließt. Die Spielleitung zählt diese Sekunden dramatisierend und laut herunter – wer es bis null nicht geschafft hat, steht vor verschlossener Tür. Je nach Geschicklichkeit der Teams kann sie dabei langsamer oder schneller zählen, so dass es alle ganz knapp doch noch schaffen. Beim zweiten Durchgang sind es dann nur noch acht Sekunden...

Anschließend steht gemeinsame Materialpflege auf dem Programm: Die Schäden an Helmen, Masken und Raumanzügen werden ausgebessert.

Astronauten-Prüfung

Natürlich müssen Astronauten auch etwas über den Weltraum wissen. In der Astronautenprüfung wird ihr Wissen auf Herz und Nieren getestet.

Material: vorbereitete Fragen zum Thema, vergrößerte Kopien der Urkunde, Tisch, zwei Stühle, falls vorhanden Mondmaus im Raumanzug
Alter: ab 5 Jahren (mit Variante)

Vorbereitung:
Die Spielleitung wählt geeignete Fragen aus. „Prüfungszimmer" mit Tisch und Stühlen einrichten. Urkunden mit den Namen der Kinder beschriften. Eulalia im Raumanzug auf den Prüfungstisch setzen.

Die Kinder kommen in Dreierteams ins Prüfungszimmer und müssen mindestens eine von drei Fragen der Mondmaus richtig beantworten. Die „Prüfung" muss natürlich dem Alter und Wissensstand der Kinder angepasst sein, weiter unten findet sich eine Auswahl möglicher Fragen. Es versteht sich, dass nur Fragen sinnvoll sind, zu denen die Kinder auch schon etwas erfahren haben.
Nach Bestehen der Prüfung verteilt die Spielleitung die Urkunden an die Kinder.

Ideen für Fragen bei der Astronautenprüfung:
- Warum ist die Sonne für die Erde so wichtig?
- Wie heißt der Spruch mit den Himmelrichtungen und der Sonne? „Im Osten geht..."
- Was muss man unbedingt beachten, wenn man die Sonne vergrößert sehen will?
- Wo ist die Sonne nachts?
- In welcher Himmelsrichtung steht die Sonne um 12 Uhr mittags?
- Wo geht die Sonne auf? Wo geht sie unter?
- Wo ist es am heißesten – auf der Sonne, auf der Erde oder auf dem Mond?
- Wie heißen die „Löcher" auf der Mondoberfläche?
- Gibt es auf dem Mond Bäume oder Tiere?
- Warum braucht man auf dem Mond einen Raumanzug?
- Gibt es Berge auf dem Mond? Gibt es Flüsse, Seen und Meere auf dem Mond?
- Gibt es Regen auf dem Mond?
- Wie heißen die Mondphasen?
- Was folgt auf zunehmenden Halbmond: Vollmond oder Neumond?
- Nennt ein Sternbild mit Namen.
- Nennt einen Stern mit Namen.
- Erkennt ihr dieses Sternbild (Bild vom Großen Wagen, Orion, Adler oder ähnliches markantes Sternbild)?
- Warum sieht man die Sterne nur nachts?
- In welche Himmelsrichtung zeigt der Polarstern?
- Wie findet man vom Großen Wagen aus den Polarstern (mit Bild von beiden)?
- Erzählt eine Sternsage.
- Zeigt mir das Sternbild XY auf dieser Sternkarte.
- Wie beleuchtet man eine Sternkarte so, dass man nicht geblendet wird?
- Nennt mir ein Sternbild des Sommers/Herbstes/Winters/Frühlings.
- Nennt mir den Namen eines Planeten.
- Erkennt ihr diesen Planeten (Foto)?
- Was haben die Planeten und die Erde gemeinsam?
- Wie heißt der größte der Planeten?
- Welches sind die Nachbarplaneten der Erde?
- Gibt es Menschen auf dem Merkur/dem Mars/der Venus/dem Jupiter/dem Saturn...?
- Warum gibt es keine Menschen auf dem Merkur/der Venus/dem Mars/...?

- Nennt die Planeten in der richtigen Reihenfolge.
- Gibt es andere Planeten, die einen Mond haben?
- Gibt es Planeten, die mehr als einen Mond haben?
- Welche Planeten haben Monde?
- Welche Farbe hat der Weltraum?
- Warum kann man nicht mit einem Flugzeug ins Weltall fliegen, sondern nur mit einem Raumschiff?
- Warum braucht man im Weltall einen Raumanzug?
- Gibt es Luft im Weltall?
- Wie schwer ist man im Weltall?
- Kann man im Weltall Kaffee trinken und Kuchen essen wie auf der Erde?
- Was muss man alles mitnehmen, wenn man ins Weltall fliegt?
- Wie nennt man Weltraumfahrer mit einem Fremdwort?
- Spielt, wie ihr als Piloten ein Raumschiff startet!
- Spielt, wie ihr als Piloten ein Raumschiff landet!

Astronauten-Pass

Material: Tonpapier in verschiedenen Farben, Scheren, Klebestifte, evtl. vergrößerte Kopien des Astronauten-Passes, Alufolie, Buntstifte, Mond- und Planetenstaubproben (s. S. 83)
Alter: ab 5 Jahren

Aus dem Tonpapier DIN-A5-große Formate schneiden. Einmal knicken, so dass DIN-A6-Format entsteht. Beschriften laut Vorlage oder Kopien aufkleben. Alufolie auf die Rückseite des Passes kleben, damit der Pass echt „astronautisch" aussieht.

Auf der ersten Seite (Deckblatt) den eigenen Namen eintragen. Auf die zweite Seite (Innenseite 1) malen die Kinder sich selbst als AstronautIn oder kleben ein Foto von sich in Astronautenverkleidung ein. Auf der rechten Innenseite (Innenseite 2) das eigene Lieblingsthema eintragen und als „dokumentiertes Forschungsergebnis" etwas malen. Wer möchte, kann hier auch Mondstaub oder andere „Forschungsproben" vom Lieblingsplaneten einkleben.

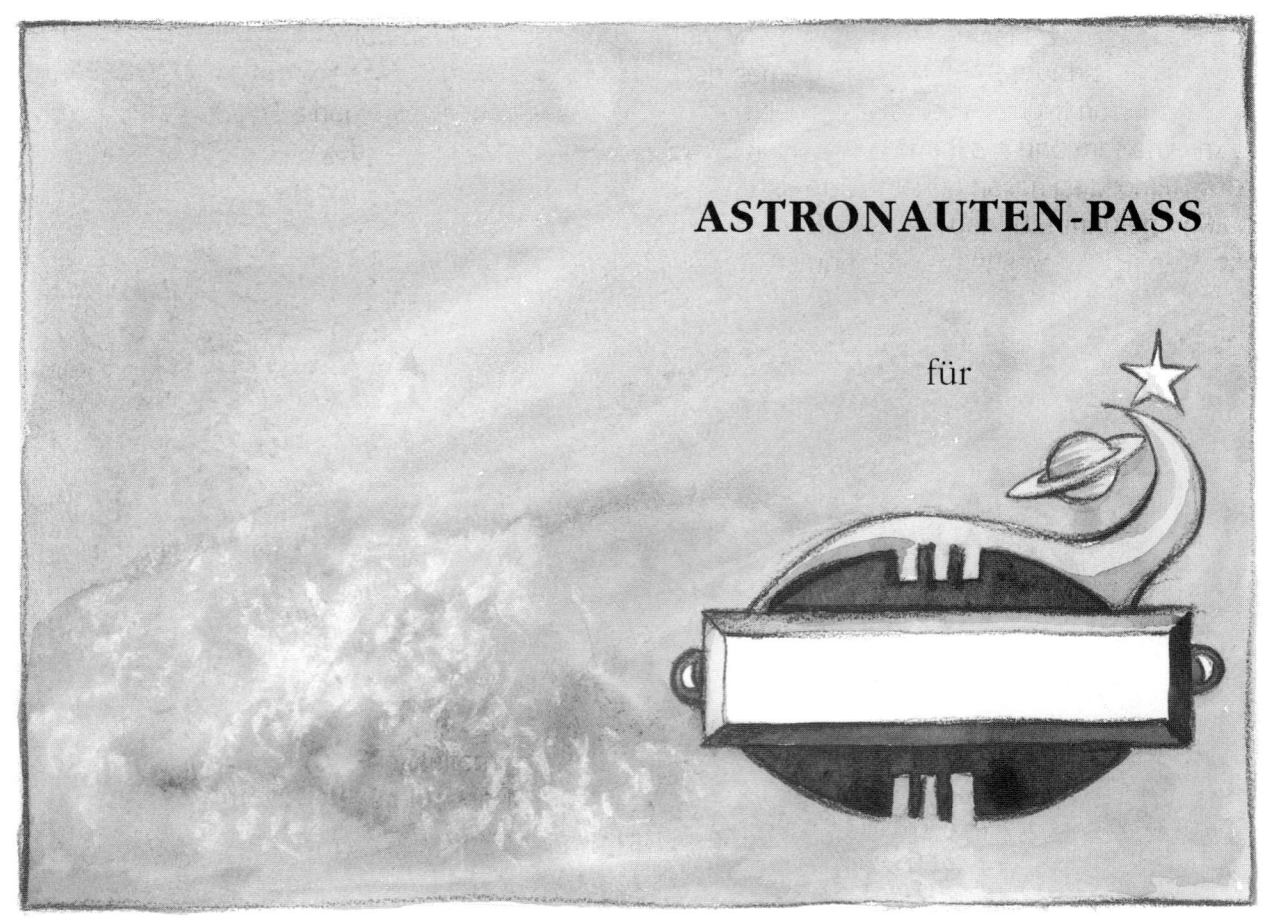

Weltraumreise

Während einer pantomimisch-rhythmischen Phantasiereise erleben die Kinder den Weltraum.

Material: Kassettenrekorder oder CD-Spieler, sphärische Musik (z.B. Vollenweider, Vangelis), evtl. Weltraumdias aus der Bildstelle, Diaprojektor und Leinwand
Alter: ab 5 Jahren (mit Varianten)

Platz schaffen für eine Aktivität mit Bewegung. Raum mäßig abdunkeln, Leinwand und Projektor aufstellen, Diamagazin einschieben. Musik leise starten.
Die Spielleitung gibt die Anleitung für die Reise und begleitet die Worte mit den entsprechenden Bewegungen:

„Heute begeben wir uns auf eine Reise ins Weltall. Dafür müssen wir natürlich zuerst unsere Raumanzüge anziehen, – die Sauerstoffflaschen umschnallen – und den Helm aufsetzen.
Durch die enge Einstiegsluke klettern wir ins Raumschiff – und legen uns mit angewinkelten Beinen *(Füße auf dem Boden)* in unsere Astronautenliegen. – Anschnallen – Instrumente checken – und der Countdown geht los:
5 – 4 – 3 – 2 – 1 – 0!
Die Raketenmotoren sind laut! *(mit Händen und Füßen auf den Boden trommeln.)*
Das Raumschiff startet und wird immer schneller. Bald hat es die Erdenschwere überwunden und schwebt in einer Umlaufbahn.
Wir schnallen uns von der Liege los – und schweben jetzt schwerelos durch das Raumschiff. *(Die Kinder taumeln durch den Raum.)*

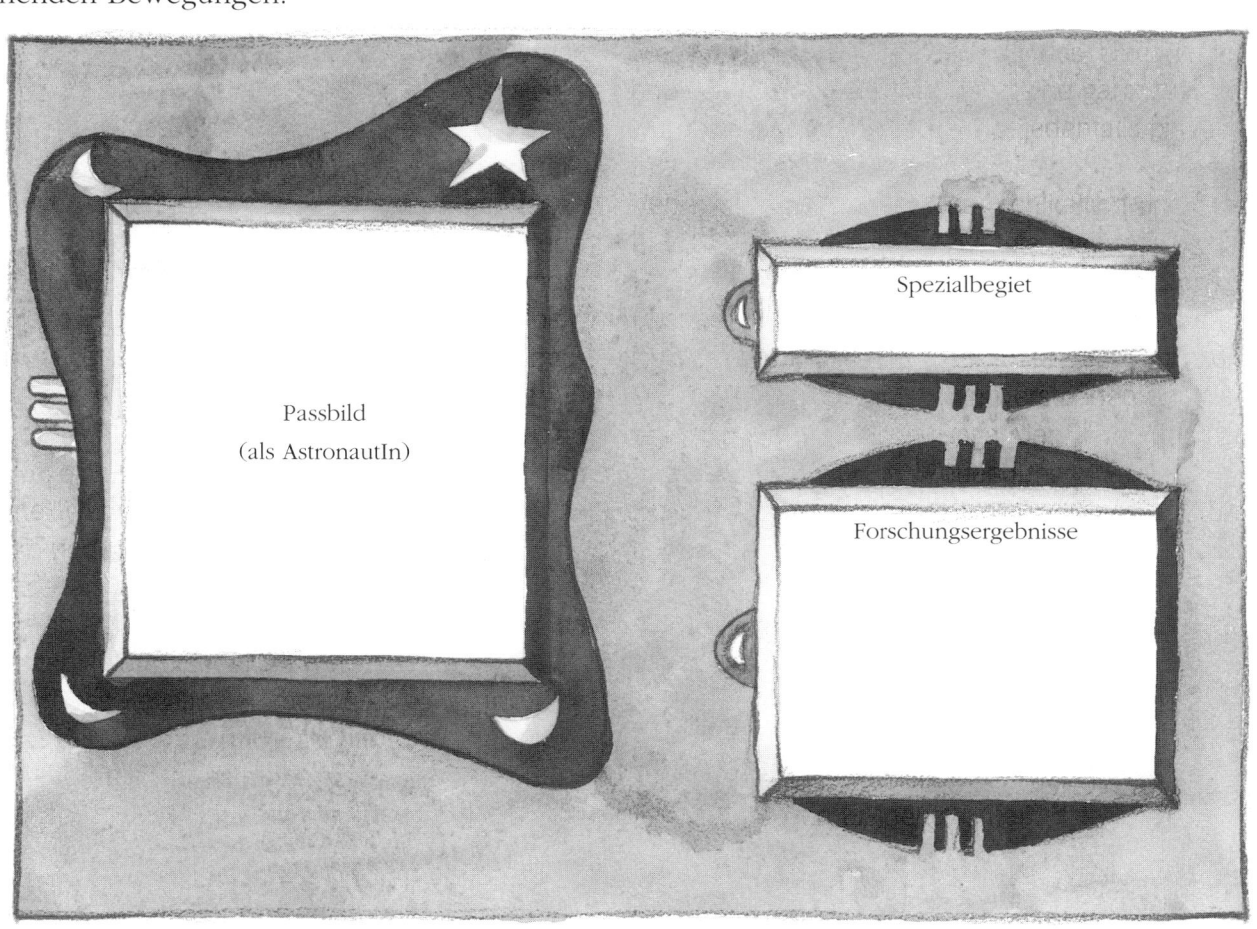

Passbild
(als AstronautIn)

Spezialbegiet

Forschungsergebnisse

(Dias von der Erde aus der Weltraumperspektive zeigen.)

Wir schnallen uns wieder auf den Liegen fest – und starten noch einmal die Raketenmotoren in Richtung Mond. *(Trommeln.)*

Ab und zu müssen wir etwas mit der Steuerung nachhelfen – und schon sind wir nahe beim Mond. Jetzt steuern wir die Oberfläche an – und landen sanft.

Jetzt aber losgeschnallt – die Raumanzüge überprüft – den Helm festgezurrt – und raus durch die enge Luke zum Mondspaziergang!

Auf dem Mond sind Menschen viel leichter als auf der Erde! Wir können viel leichter hüpfen – große Schritte machen. *(Alles im Zeitlupentempo!)* – Nur die unförmigen Raumanzüge mit dem Sauerstoff auf dem Rücken machen es etwas schwer.

Da – was ist das? Ein aufdringliches Piepsen weist uns darauf hin, dass die Sauerstoffvorräte bald aufgebraucht sind. Schnell zurück ins rettende Raumschiff – wo wir uns mit einem Schlauch an den großen Sauerstofftank anschließen und tief durchatmen...

Jetzt ist es Zeit zur Heimkehr. Helme wieder aufsetzen – auf den Liegen festschnallen – Instrumente checken – und Countdown für den Rückstart: 5 – 4 – 3 – 2 – 1 – 0!

Wieder dröhnen die Raketen *(trommeln)* und das Raumschiff setzt sich in Bewegung. Uns dürfen keine Fehler bei der Steuerung passieren, sonst fliegen wir an der Erde vorbei!

Noch einmal dürfen wir die Schwerelosigkeit genießen und durch das Raumschiff schweben...

Wir nähern uns wieder der Erde – für uns heißt das wieder anschnallen und zur Landung vorbereiten.

Beim Eintauchen in die Lufthülle schüttelt es uns heftig durch – alles klappert und rappelt im Raumschiff *(die Kinder schütteln sich).*

Das Rütteln geht langsam in sanften Gleitflug über *(aufstehen und gleitend fliegen)* – und am Schluss setzen wir weich auf die Erde auf, wie ein Hubschrauber.

Jetzt dürfen wir Helm, Sauerstoffflaschen und Raumanzug ablegen, das Raumschiff durch die enge Luke verlassen – die Erde hat uns wieder und wir haben bestimmt viel zu erzählen von unserem Weltraumabenteuer."

Varianten: Weitere solche Reisen können zur Sonne führen (wo es natürlich ganz schön heiß ist, man kann dort nicht landen, aber nahe heranfliegen und ganz schön ins Schwitzen kommen), zur Venus (auf deren Oberfläche die Astronauten aufpassen müssen, nicht von den gewaltigen Stürmen umgepustet zu werden), zum Mars (wo sie ständig um dicke Felsbrocken herumlaufen und aufpassen müssen, dass ihre lebenswichtigen Raumanzüge nicht an den scharfkantigen Felsen zerreißen), zum Jupiter (auf dem man nicht landen kann, weil er ein Gasplanet ist, aber in dessen Atmosphäre man schön herumschweben kann, als wäre der Raumanzug ein fliegender Teppich). Gefährlich ist dabei der Flug durch den Asteroidengürtel, denn das Raumschiff muss um Tausende umherfliegende Felsbrocken so groß wie ganze Berge gesteuert werden, damit es nicht zerschellt.

Haben die Kinder eine Figur, die sie durch den Weltraum begleitet, wie z. B. Eulalia, die Mondmaus, dann kann diese Figur an der Weltraumreise teilnehmen und Anlass geben für viele weitere Abenteuer.

Hinweis: Diese Weltraumreise ist auch als Projekt möglich, wenn alle Utensilien dafür geschaffen werden (s. Aktivitäten Spaceshuttle, Raumanzüge mit Helm und Sauerstoffflasche, Astronautennahrung) und die Kinder vor dem Flug eine Astronautenprüfung ablegen.

Außerirdische Wesen

Außerirdische Wesen sind in Film und Fernsehen längst selbstverständlich. Es ist sogar wahrscheinlich, so zeigen astronomische Schätzungen, dass das Weltall von vielen intelligenten Zivilisationen bewohnt ist, auch wenn es bisher keinen „offiziellen" Kontakt zwischen Menschen und Bewohnern anderer Planeten gibt. Gut möglich, dass „sie" einst auftauchen und „Guten Tag" sagen, was wäre der „First Contact" für ein sensationelles Ereignis! Wir haben heute noch keine realistische Vorstellung davon, wie Außerirdische aussehen, aber viele Phantasien.

Phantasiebilder von Außerirdischen

Material: großformatiges Papier oder Tonpapier, z. B. DIN A2, Wachsstifte (vor allem Silber und Gold), Wasserfarben, Pinsel, Alu- und Goldfolie, Klebstoff, Scheren, dünner (Silber-) Draht, metallicfarbene Perlen
Alter: ab 4 Jahren

Die Leiterin spricht mit den Kindern über Außerirdische, damit sie sich ein Bild von ihren Besonderheiten machen können:
Leben sie auf einem trockenen Planeten, auf einem warmen, auf einem tropischen?
Ist es dort sehr dunkel (dann brauchen sie große Augen) oder sehr hell?
Was essen sie? Wie wohnen sie? Wie sehen ihre Kinder aus?

Jedes Kind gestaltet nach eigener Phantasie ein außerirdisches Wesen: Mit Wachs- und/oder Wasserfarben malen, mit Alu- oder Goldfolie ausschmücken, und z. B. Brillen, Helme, Armreifen oder Ähnliches ausgestalten. Mit Draht und Metallicperlen Fühler o. Ä. anbringen.
Die Spielleitung hilft insbesondere den jüngeren Kindern bei Bedarf durch gezielte Fragen nach Farben, Größe und Besonderheiten ihrer Phantasiewesen.
Alufolie in ca. 10 cm breite Streifen schneiden und leicht überlappend als Rahmen um das fertige Bild drapieren. Folie zusammenrollen und als Rahmen auf das Bild kleben.

Phantasiefiguren von Außerirdischen

Material: alte Dosen, Schachteln oder Tetrapacks, Joghurtbecher, Käseschachteln oder Blechbüchsen, Dosenöffner, Schnur oder dickerer Nylonfaden, Perlen, Musterklammern, Klebstoff, Alufolie, Toilettenpapierrollen, alte Schrauben und Muttern, außerdem möglich: leere Klebestreifenrollen, Plastikbecher, Verpackungen aller Art, Styroporkugeln oder -stücke, Draht, Fellreste, Stoffreste, Wolle, Luftballons
Alter: ab 4 Jahren (mit Variante ab 6 Jahren)

- Eine Dose, eine Schachtel oder ein Tetrapack bildet den Körper.
- Den Kopf aus Joghurtbecher, Käseschachtel o. Ä. in der Mitte durchbohren und am ebenfalls durchbohrten Rumpfteil mit einer Schnur befestigen.
- Perlen oder Musterklammern als Augen anbringen.
- Arme und Beine können beispielsweise aus mit Alufolie beklebten Toilettenpapierrollen oder aus aufgefädelten Schraubenmuttern konstruiert werden.
- Die Figuren mit den o.g. Materialien (Fell, Wolle, Stoff, Alufolie...) ausschmücken. Draht und Metallicperlen als Antennen oder Fühler anbringen.

Variante ab 6 Jahren: Die Papp- oder Blechfiguren mit Gelenken aus Schnüren oder Lederstücken versehen und Nylonfäden anbringen, so dass Marionetten entstehen.

Unsere Heimat im weiten All – Die Erde

Von außen betrachtet wirkt die Erde wie ein lebendes Wesen: Sie hat eine schützende Haut (die Atmosphäre), sie hat Organe (die Kontinente, die Meere mit ihren Strömungen, die Wettersysteme, die Wälder, den Magnetismus erzeugenden Kern im Inneren...), vielleicht findet sie in uns Menschen sogar eine Art von Bewusstsein: Durch unsere Augen sieht sie sich selbst. Fortschrittliche Geologen nennen dies die „Gaia-Hypothese", sie ist Inspiration für ein neues Weltbild im 21. Jahrhundert:
Die Erde lebt!
Alle Astronauten waren vom Anblick der Erde im Weltall tief bewegt. Sie ist kein „Staubkorn im weiten All", sondern ein wunderschöner Platz für uns zum Leben – der einzige.

Eulalia und die Erde

Eulalia, die Erdbewundererin, hat Fotos von der Erde oder ein Buch von der Erde, wie sie aus dem Weltraum aussieht (z.B. „Der Heimatplanet" aus der Bibliothek oder Astropostkarten von Astro-Art, Palazzi-Verlag GmBH, Ostertor 36, 28195 Bremen). Eventuell spielt sphärische Musik dazu.

Eulalia zeigt den Kindern begeistert Bilder von der Erde. Auf ihren weiten Streifzügen durch den Weltraum hat Eulalia eines festgestellt: So viel sie auch herumgereist ist, nirgends hat sich Eulalia so wohl gefühlt wie auf der Erde!
Wer hätte das gedacht? Wo sie doch eine Mondmaus ist!

Woher sie nun letztendlich kommt, das hat Eulalia nicht herausgefunden. Ob sie es jemals herausfinden wird? Das Weltall ist ja so riesengroß. Vielleicht kommt Eulalia ja von einem der Jupiter- oder Saturnmonde? Oder gar vom Charon, dem Mond des fernen Plutos? Und wenn man sich vorstellt, dass es allein in unserer Galaxie, der Milchstraße, noch mindestens 200 Milliarden anderer Sonnen gibt, von denen ganz viele Planeten haben, und viele dieser Planeten auch Monde haben... Eulalia wird ganz schwindelig.

Ich flog zum Mond

11
Text: B. Laux
Musik: G. Geisinger

Ich flog zum Mond, ganz weit ins All hi - naus, sah Pla -
ne - ten, sah die Ster - ne, sah sie leuch - ten in der Fer - ne. Ich
such - te frem - de Wel - ten, Ster - nen - ne - bel, Ga - la - xien, doch die
Er - de, uns - re Er - de, die ver - gess ich nie.

Ich flog zum Mond
Ganz weit ins All hinaus
Sah Planeten, sah die Sterne
Sah sie leuchten in der Ferne
Ich suchte fremde Welten
Sternennebel, Galaxien
Doch die Erde, unsere Erde,
die vergesse ich nie!

gesprochen:
Auf der Erde steht mein Mäusebett,
auf der Erde gibt es Menschen, Kinder,
Tiere, Pflanzen und viel mehr...
Käse, Luft zum Atmen,
viele liebe Freunde hab ich hier.
Auf der Erde bin ich gerne
und komme ich mal wieder aus der Ferne:
eines weiß ich sicher und vergess es nie,
ja, die Erde, ja, die Erde, die gefällt mir sehr!

Erdkugeln aus farbiger Knete

Material: blaue, weiße, braune und grüne Knete, Tischunterlagen
Alter: ab 4 Jahren (mit Variante)

Tische mit den Unterlagen abdecken. Die Knete weichkneten.

Aus der weißen Knete dünne Streifen und Kügelchen formen und diese unter die blaue Knete mischen.

Aus dem Gemisch vorsichtig eine kinderhandtellergroße Kugel rollen, ohne dass sich beide Farben vollständig vermischen. Wird nicht zu lange gemischt und gerollt, dann entsteht eine wunderschön marmorierte Kugel, die unserer Erdkugel ähnlich sieht.

Mit kleinen grünen, gelben oder braunen Ministückchen noch die Erdteile hinzufügen und die Kugel nochmals rollen.

Variante: Auf die gleiche Weise können auch andere Planetenkugeln hergestellt werden: Merkur in Grau und Braun, Mond in Grau und Gelb, Venus in Weiß und Grau, Mars in Rot, Gelb und Braun, Jupiter und Saturn in allen Farben, Uranus in Blau, Neptun in Grün, Blau und Weiß.

Erdcollage

Kinder wissen zwar heute schon oft, dass unsere Erde eine Kugel ist, doch ist ihr Weltbild immer noch „flach" – die blaue Kugel, die im Weltall schwebt, wird nur allmählich als der Boden zu unseren Füßen verstanden. Angefangen beim eigenen Zuhause, der Straße, dem Weg zum Kindergarten oder zum Einkaufen, dem nahen Wald, dann über Verwandte,

Freunde an anderen Orten, später auch über Urlaubsreisen vergrößert ein Kind seine Erfahrung von „Welt".

Material: 4 Bögen blaues Tonpapier, Klebeband, Buntstifte, evtl. Globus, Wachsstifte, Illustrierte (am besten alte Geo-Hefte, Tier-, Reise-, Naturjournale o. Ä.), Scheren, Klebstoff, weißes Papier
Alter: ab 5 Jahren

Im Gespräch tragen die Kinder zusammen, wer und was alles auf der Erde lebt und suchen dazu aus den Illustrierten passende Bildausschnitte für die Collage.

- Die vier Tonpapierbögen zu einem Rechteck zusammenkleben und darauf einen großen Kreis als Erde zeichnen.
- Erdteile und Meere grob einzeichnen oder andeuten, dazu kann ein Globus als Vorlage dienen.
- Mit den Wachsstiften die eingezeichneten Meere und Erdteile kolorieren.
- Aus den Illustrierten Menschen verschiedener Völker, Tiere und Landschaften ausschneiden und aufkleben.
- Mit den Buntstiften evtl. eigene Ergänzungen auf weißes Papier malen, ausschneiden und ebenfalls aufkleben.
- Wolken entweder mit Wachsstiften malen oder aus Zeitschriften ausschneiden und aufkleben.

Die so entstandene Erde ist eine schöne Wanddekoration.

Mikrokosmos – Makrokosmos: ein Weltbilderbuch

Material: acht einfache Transparentfolien und zwei Umschlagkartons für jedes Kind, bunte Folienstifte
Alter: ab 7 Jahren

- Auf die erste Folie malen die Kinder – mittig und im Postkartenformat – ein Selbstbild.
- Auf die zweite Folie malen sie – mittig und etwas größer – ihr Zuhause oder die Schule/Einrichtung. Wenn die erste Folie auf der zweiten liegt, sollte das zweite Bild hinter dem ersten hinausragen.
- Auf die dritte Folie kommt, wiederum mittig und etwas größer als auf der zweiten, der Heimatort.
- Auf der vierten Folie erscheint, mittig und wiederum etwas größer, das Heimatland.
- Auf die fünfte Folie malen die Kinder, mittig und noch etwas größer, den Heimaterdteil.

- Auf die sechste Folie kommt, mittig und noch größer, die Erdkugel.
- Auf der siebten Folie erscheint, fast (aber nicht ganz) formatfüllend, das Sonnensystem: dunkler Weltraum mit der Sonne in der Mitte, Planeten und Monde darum herum.
- Auf der achten Folie erscheint dann formatfüllend ein Ausschnitt aus der Milchstraße: schwarzes All mit Millionen von hellen Sternen, die Sonne mitten darunter.

Ältere Kinder können noch eine neunte und zehnte Folie anlegen: unsere Milchstraße als spiralförmiges Gebilde von Milliarden Sternen und die Sammlung von Milliarden Galaxien als leuchtende Welteninseln in unserem Kosmos.

Die Folien werden dann in der richtigen Reihenfolge im Copyshop zur Spiralbindung gegeben (mit Pappumschlag vorne und hinten). Anschließend kann noch das Titelbild gestaltet werden.

Erdkugel aus Pappmaché

Material: Riesenluftballon aus dem Spielzeugladen, Kleister, Zeitungspapier, Plaka-Farben, Pinsel, evtl. Karten oder Bilder von der Erde
Alter: ab 5 Jahren

Den Ballon aufblasen und zuknoten. Aus Zeitungspapier Schnipsel reißen und mit Kleister auf den Ballon kleben, bis die ganze Oberfläche bedeckt ist. Mehrere Schichten auftragen und über Nacht trocknen lassen. Am folgenden Tag mit Plaka-Farben die Erdteile, Ozeane und Wolken aufmalen (Umrisse von Karten oder Bildern übertragen).

Vorsichtig Löcher in den getrockneten Ballon stechen. Dabei löst sich der Ballon innen geräuschvoll von der Pappmachéhülle ab.

Ich seh eine blaue Perle

31
Text: B. Laux
Musik: G. Geisinger

Ich seh eine blaue Perle
Im dunklen Weltenraum
Sie hat ganz viele Wolken
Ich weiß es ist kein Traum
Oh Erde liebe Erde du
Ich mach die Augen zu
Und wünsche mir ganz fest für dich und mich
Dass du immer mein Zuhause bist.

Das Wetter

Sonne, Wind und Wolken zaubern ständig abwechselnde Erscheinungen in die Weite des Himmels. Der Grund dafür: Ständig ziehen „Hochs" und „Tiefs" über Mitteleuropa hinweg. Sie sind Teil der Klimaanlage der Erde – die in Äquatornähe von der Sonne angewärmte Luft zieht in Richtung Polkappen und verteilt Wärme (von der Sonne) und Feuchtigkeit (vom Meer) über den ganzen Globus. Warme Luft vom Äquator trifft dann auf Höhe von Island auf kalte Polarluft. Wo sich Warm- und Kaltfronten begegnen, entstehen komplexe Austauschprozesse, die Meteorologen ein „Tiefdrucksystem" nennen.

Ein „Hoch" bedeutet hohen Luftdruck, wenig Wind und trockene Luft – im Sommer heißt das warmes, sonniges Wetter, blauer Himmel mit vielleicht ein paar Schönwetterwolken. Im Winter dagegen wird es bei einem Hoch klirrend kalt, der Himmel ist klar und tiefblau, die Sonne scheint, ideales Rodelwetter. Nachts funkeln die Sterne dann besonders hell, denn ein Winterhoch bedeutet reine Luft ohne Dunst.

Im Flachland kann es bei einem Winterhoch aber auch sehr neblig werden, wenn so viel Feuchtigkeit in Bodennähe ist, dass die Sonne nicht alles wegtrocknen kann. Dann bildet der Nebel eine richtige Sperre gegen die Sonne und das trockene Hoch, er legt ein nasskaltes graues Tuch über die Landschaft. Manchmal ist es nur fünfzig oder hundert Meter dick und darüber herrscht das schönste Wetter. Wer nahe den Bergen wohnt, hat es dann gut: Ein Platz an der Sonne ist nicht weit und der großartige Blick von oben auf das weißleuchtende Nebelmeer entschädigt dafür, dass man später wieder hinunter in die graue Suppe muss. Der hohe Ro-

mantikfaktor eines Sonnenuntergangs „über den Wolken" rechtfertigt sogar eine längere Anreise aus den deprimierenden Nebelgebieten.

Ein „Tief" bringt immer Wolken: Es hat niedrigen Luftdruck, Wind und viel Feuchtigkeit bei sich. Im Sommer bedeutet das meist Regen und „schlechtes Wetter". Im Winter bricht ein Tief die Kälte, denn dicke Wolken wirken wie eine Zudecke über der Landschaft und verhindern, dass sie in der Nacht ganz auskühlt. Wenn es kalt genug ist, fällt Schnee, ansonsten Regen. Auch stürmisches Wetter wird von den Tiefs verursacht, besonders dann, wenn der Luftdruck im Zentrum des Tiefs besonders niedrig ist. In einem solchen Fall heißt es „Sturmtief" oder sogar „Orkantief".

Wolken

Das Wechselspiel von warmer und kalter, von feuchter und trockener Luft sowie der Zug von Hoch und Tief, all das lässt sich gut an den Wolken beobachten. Mit etwas Übung kann man sogar die lokale Wettervorhersage aus den Wolkenformationen lesen.

Die Meteorologen teilen Wolken in 10 Grundarten ein. Die einfachsten davon können auch gut zusammen mit Kindern bestimmt werden: Es gibt niedrige Wolken, die bekannteste davon ist die *Cumuluswolke*, die bei schönem Wetter so häufige Haufenwolke. Sie fehlt auf keiner Kinderzeichnung, wenn es um den Himmel geht. Cumuluswolken sind einzelne Wolkenballen am Himmel, die wie Blumenkohl nach oben sprießen können und strahlend weiß leuchten. Diese Wolken bringen kein Wasser vom Meer, sondern entstehen vor Ort aus der Feuchtigkeit, die vom erwärmten Boden aufsteigt. Auch dort, wo die Luft bei ihrem Weiterzug an Berghängen emporklettern muss, bilden sich gerne solche Cumuluswolken: Beim Aufsteigen kühlt die Luft sich ab, enthaltene Feuchtigkeit kondensiert aus und wird zu einer weißen Wolke.

Voll ausgebildete *Gewitterwolken* sind von beeindruckender Mächtigkeit: gewaltige Cumulonimbuswolken, die bis 10.000 Meter hoch in die Atmosphäre hinaufreichen und deren Kopf in der bitterkalten Höhe vereist. Eiswolken sehen fasrig bis zerfranst aus, und wenn immer mehr warme Feuchtigkeit von unten nachgeliefert wird, bildet sich schließlich die berühmte „*Ambossform*“ aus. Bei einer solchen Wolke ist das Gewitter in ein paar Stunden gewiss.

Eine sehr große Cumuluswolke, die im unteren Teil schon grau und schwer wirkt und die auf dem besten Wege ist, zur Gewitterwolke heranzuwachsen, nennt man *Cumulonimbus*. Auch sie ist ein Begleiter sommerlicher Schönwetterlagen, besonders bei schwüler Hitze und im Bergland.

Über den niedrigen Wolken finden sich die mittelhohen Wolken. Die hierzulande unbeliebteste heißt *Nimbostratus*, das Charakteristikum typischen Regenwetters: geschlossene, eintönig dunkelgraue Wolkendecke, die die Sonne vollständig verdeckt.

Hübscher, wenn auch nicht unbedingt ein Schönwetterzeichen, sind die groben Schäfchenwolken, *Altocumulus*. Sie sind weiß mit grauem Kern, werfen Schatten und sind als Haufenwolken zu erkennen, aber nicht immer klar strukturiert, oft etwas „gefetzt". Sie treten gelegentlich vor einer Regenfront, häufiger aber bei einem kurzen Zwischenhoch oder auf der Rückseite eines Tiefs auf, bei abziehendem Schlechtwetter. Diese in der Dynamik eines Tiefs häufig rasch dahinziehenden Wolken nehmen gerne Anhalter auf Phantasiereisen mit.

Zu den hohen Wolken gehören die „feinen Schäfchenwolken" *(Cirrocumulus)*. Sie befinden sich in großer Höhe und bestehen aus Eiskristallen, sind daher durchscheinend, strahlend weiß bis perlmutterfarben schimmernd und werfen keine Schatten. Oft bilden sie Muster oder Streifen. Bei niedrigem Sonnenstand zaubern sie geradezu magische Lichtwunder in den Himmel. Besonders schön sehen die feinen Schäfchenwolken übrigens im Mondschein aus. Dennoch: Ihr Auftreten kündigt das Ende einer Schönwetterperiode an.

Ebenfalls hohe Wolken sind die „Federwolken", *Cirrus*. Sie haben eine fasrige Struktur wie Haar oder Federn, glänzen ebenfalls weißleuchtend im Sonnenlicht, ohne Schatten zu werfen, denn auch sie bestehen aus Eiskristallen. Ganz besonders schön sind solche Federwolken am tiefblauen Winterhimmel.

Meist gesellt sich etwas zu den Cirruswolken, das es am Himmel vor 50 Jahren noch gar nicht gab: Mit langen Geraden zerschneiden Kondensstreifen den Himmel. Dieselben Bedingungen, die zur Bildung von Federwolken führen, nämlich das Anfluten feuchter Warmluft in großer Höhe, lassen auch den Abgasen der Düsenflugzeuge ganz schnell Eiskristalle anwachsen. Innerhalb weniger Stunden können riesige Flächen auf diese Weise mit Eiswolken bedeckt werden. Federwolken und lange Kondensstreifen sind Vorboten der Warmfront eines Tiefs, also Schlechtwetterboten. Je schneller der Himmel mit milchigen hohen Wolken zuwächst, desto sicherer ist mit baldigem Regen (oder Schnee) zu rechnen.

Lösen sich Kondensstreifen am blauen Himmel jedoch schnell auf, statt anzuwachsen, herrscht weiterhin stabile Hochdrucklage.

Wolkenbilder malen

Material: Wolkenbilder aus einem Buch, weiße, graue und schwarze Wachskreiden, Aquarellfarben in Blau- oder Grautönen, Aquarellpapier DIN A4
Alter: ab 4 Jahren (mit Variante)

Wolkenbilder aus einem Wetter-Bilderbuch (aus der Bibliothek) anschauen und besprechen.
Mit Wachskreiden malen die Kinder dann ihr Wolkenbild auf Aquarellpapier: Schönwetterwolken werden weiß, Schlechtwetterwolken grau oder schwarz.
Die Wolkenbilder mit Aquarellfarben übermalen (blau bis grau) und trocknen lassen.

Variante: Wunderschöne Zeichnungen, vor allem von Feder- und Schönwetterwolken, aber auch von Kondensstreifen und Gewitterwolken, gelingen mit Kreidestiften auf blauem Tonpapier!

Wettervorhersage spielen

Material: Karton oder Bananenkiste, Teppichmesser oder Schere, Wachsstifte, die zuvor hergestellten Wolkenbilder
Alter: ab 5 Jahren

In den Kartonboden ein bildschirmgroßes Fenster einschneiden und einen Einschaltknopf einzeichnen.
Mit den selbstgemakten Wolkenbildern (s.o.) als Hintergrund können die Kinder nun die Fernseh-Wetternachrichten spielen und sich ihr eigenes Wetter vorhersagen.

Wetteruhr

Material: Tonpapier in zwei verschiedenen Farben, Teller o. Ä. als Kreisschablone, Musterklammer, Bunt- oder Wachsstifte
Alter: ab 4 Jahren

Die Wetteruhr wird wie die Mondphasenuhr (s. S. 42) zusammengebaut. Statt Mondphasen werden verschiedene Wetterbilder in die Felder gemalt.
Benutzt wird die „Uhr" als Wetteranzeiger, nicht zur Voraussage.

Das Erdgedicht von Joseph Cornell

Alter: ab 3 Jahren (mit Variante)

Im Freien bilden alle TeilnehmerInnen einen Kreis, hocken nieder und berühren die Erde mit den flachen Händen (natürlichen Boden wie Wiese oder Waldboden).

Das Ritual wird angeleitet:
„Wenn wir einen Menschen oder ein Tier berühren, dann spüren wir etwas vom Leben dieses Wesens in unseren Händen. Auch die Erde ist ein riesengroßes Lebewesen. Vielleicht gelingt es uns, etwas vom Leben der Erde in den Händen zu spüren .
Die Pflanzen können die Kraft der Erde mit ihren Wurzeln aus der Erde ziehen. Versuchen wir mal, mit den Händen die Kraft der Erde in uns aufzunehmen.
Es gibt ein schönes Erdgedicht von Joseph Cornell, dass ich gerne mit euch teilen würde, hört einfach zu:

Die Vögel in der Luft sind meine Brüder
Die Blumen sind meine Schwestern
Die Bäume sind meine Freunde

Alle lebenden Wesen
Die Berge und die Flüsse
Nehme ich unter meinen Schutz
Denn diese grüne Erde ist meine Mutter

Im Raum selbst ist Geist verborgen
Ich teile mein Leben mit allen,
Die auf der Erde sind.

Und jedem gebe ich meine Liebe
Jedem gebe ich meine Liebe.

(aus: Joseph Cornell: Mit Freude die Natur erleben. Mülheim 1991, S. 120)

(Nach einigen Momenten ruhigen Verweilens:)
Ohne die Verbindung zur Erde zu lösen, nehmen wir die Hände wieder auf."

Variante: Wenn dieses Ritual schon eingeführt ist, kann man statt mit den Händen auch mit dem ganzen Körper die Erde berühren (mit dem Bauch auf der Erde liegen, wie ein Neugeborenes auf dem Bauch seiner Mutter) und ihre Kraft ganz und gar in sich aufnehmen.
Entspannt sehr und lädt mit Wohlgefühl auf!

Sonne, Mond und Sternenkinder

Text: H. E. Höfele
Musik: B. Windisch

Son - ne, Mond und Ster - ne seh ich am Him - mel ger - ne, ja ich

steh auf die - ser Welt, die mir so gut ge - fällt. Die Son - ne bringt das

Licht, er - strahlt den Mond zur Nacht. Die Stern - schnup - pe hat mir tat -

säch - lich Glück ge - bracht. Son - ne, Mond und

Ster - nen - kin - der, die gibt's ü - ber - all auf un - se - rem Pla - net, dem

schö - nen Er - den - ball. Son - ne, Mond und Ster - nen - kin - der wis - sen wie das

geht, dass sich die Er - de um sich selbst und um die Son - ne dreht.

Projekte

Sonne, Mond und Sterne eignen sich zu jeder Jahreszeit und in vielfältiger Weise für kleine, mittlere und große Projekte, Arbeitsgemeinschaften sowie als Thema für ein Fest.

Mit der Mondmaus in den Weltraum

Eulalia eignet sich hervorragend, Kinder spielerisch und spannend in die zuweilen komplexe und abstrakte Welt der Sterne einzuführen. Sie wird mit Begeisterung aufgenommen, motiviert zu Spielen, Aktivitäten, Entdeckungen, weckt Interesse am Thema. Ohne wissenschaftlichen Ernst vermittelt sie grundlegende Dinge. Kinder (und Eltern) warten schon gespannt auf ihre nächsten Abenteuer, mit ihr wird die Reise in den Weltraum „hautnah erlebt".

Eulalia wird im Spiel als neu- und wissbegieriger, spaßiger, etwas „spaciger" Charakter angelegt. Manchmal fließen bei ihr die Grenzen von Phantasie und Wahrheit – Hauptsache, es ist aufregend und geht ins All hinaus.

Das Projekt: Mögliche Elemente und Ablauf

Das Projekt Eulalia bietet den Rahmen für eine intensivere Beschäftigung mit dem Thema Weltraum. Es kann sowohl über mehrere Wochen angelegt werden als auch die verschiedenen Aktivitäten eines eintägigen Weltraumfestes mit den Eltern zusammenbinden.

Wegen der großen Breite der Möglichkeiten finden sich hier Anregungen für die Projektplanung, aber keine detaillierte Planvorgabe:

1. ggf. Elternbrief/Einladung gestalten und verschicken

2. Die Mondmaus stellt sich vor und erzählt ihre Geschichte:
   Die Spielleitung zeigt eine geheimnisvolle Kiste – einen mit Sternen beklebten Schuhkarton (Eulalia ist darin mit einem dunklen Sternentuch bedeckt) – und teilt den Kindern mit, dass sie einen schlafenden Gast dabei habe. *„Pssst..."*
   Während die Spielleitung sich oder das Projekt kurz vorstellt, erwacht Eulalia.
   Die Spielleitung hört es rascheln im Karton. *„... pssst, da ist doch was!"*
   Sie horcht mit dem Ohr am Karton, schlüpft mit der Hand in die Handpuppe „Eulalia", die plötzlich unter dem Tuch hervorspringt und die Kinder begrüßt:
   „Tadaaaa!!! Ich bin's, Eulalia! Ich bin eine Mondmaus! Und Frau/Herr ... (Blick auf die Spielleitung) *hat mir erzählt, dass ich heute Kinder treffe, die mit mir in den Weltraum fliegen! Da will ich nämlich hin, weil ich schauen möchte, wo ich eigentlich geboren bin."*
   Im Dialog mit der Handpuppe erfahren die Kinder Eulalias Geschichte (s. Einleitung zu Eulalia S. 5).
   Im Gespräch erfährt die Spielleitung gleichzeitig, was die Kinder zum Thema schon wissen.

3. Als erste Aktivitäten mit der Mondmaus sind einige der folgenden möglich:
   „Wanted" – Steckbrief für die Sonne; Sonnenprojektion; Eulalia, der Sonnenmuffel; Warmes Wasser von der Sonne; Sonnenlicht spiegeln; Kann die Sonne laufen?; Bau einer tragbaren Sonnenuhr; Schattenfangen

4. Eulalia, die Maus vom Mond:
   Tief schlafend finden die Kinder Eulalia wieder in ihrem Bett. Gemeinsam mit der Spiel-

leitung wecken die Kinder Eulalia aus ihren Träumen.

Eulalia erzählt von ihrem Besuch auf dem Mond (s. S. 32) – und tatsächlich, in ihrem Bett versteckt unter der Decke findet sich ein Sack mit Staub und Steinen! Sind die wirklich echt vom Mond?

Mögliche Aktivitäten: *„Wanted": Steckbrief für den Mond; Mondbilder anschauen; Mondkraterlandschaften modellieren; Mondspuren I und II; Phantasiereise zum Mond ; Mondphasendias; Wer hat Angst vorm Mondgespenst?; Lied: „Hast du den Bananenmond gesehn?"*

5. Eulalia, die Planetenforscherin

   Die Kinder wecken Eulalia. Diesmal erzählt sie von ihrem Ausflug zu den Planeten (vgl. Einleitung zum Planetenkapitel S. 81). Sie zeigt den Kindern stolz ihre Staub- und Gasproben, die die Kinder gleich untersuchen dürfen. Sind diese wohl echt?

   Mögliche Aktivitäten: *Planetenentdeckung; Planetenposter malen; Planeten aus Knete herstellen (s. „Erdkugeln aus farbiger Knete"); Phantasiereise zum Mars.*

6. Eulalia, die Sternenträumerin

   Eulalia wecken, Geschichte erzählen (s. Kapitel „Sterne", S. 52).

   Mögliche Aktionen: *Sternfotos anschauen; Sternsagen; Sternbilderland; Schaukästen als kleine Universen bauen; Das eigene Horoskop erstellen; Das Lied von Sansibar, dem Sternenkönig.*

7. Zum Höhepunkt und Abschluss des Projektes zusammen mit den Eltern und einem Astronomen (Adressen s. Anhang) einen Sternenabend mit Teleskop durchführen!

   Eventuell lässt sich auch noch das Kapitel über Sternschnuppen in das Projekt einbauen: *Eulalia im Sternschnuppenfieber; Fliegende Sternschnuppen; Sternschnuppenschleuder.*

Weltraumstation

Der Gruppenraum oder der ganze Kindergarten kann in eine Weltraumstation verwandelt werden! Dazu gehören

- natürlich ein Kommandostand mit Schalttafeln (auf Pappen gemalt, mit Glassteinen, Knöpfen usw. beklebt. Zum Ausschmücken eignen sich aluverkleidete Klopapierrollen, Schraubverschlüsse von Gläsern, Kabelreste, Perlen, kaputte Taschenrechner, kaputte Computertastaturen, alte Bildschirme, Schalthebel etc.);
- Ausblicke aus den Fenstern auf gemalte Planeten (s.u. Kapitel „Planeten" und „Erde") und Sternbilder (Kapitel „Sterne") sowie Teleskope an Bord (ebd.);
- Raumanzüge, Astronautennahrung und eine Weltraumküche sowie regelmäßiges Training für die Besatzung; Roboter, Raumfähren für den Besuchsverkehr; vielleicht auch außerirdische Besucher (s. u. Kapitel „Reisende im All").

Planetariumsbesuch

Ein Planetariumsbesuch kann der krönende Abschluss einer „Weltraumepoche" in der Gruppe sein. Wichtig ist, die Kinder rechtzeitig zum Besuch anzumelden – Planetarien sind oft ausgebucht! Bei der Gelegenheit kann die Spielleitung auch nach dem Thema der Vorführung fragen, um dies mit den Kindern (so wie hier im Buch beschrieben) vorzubereiten – dann haben die Kinder von der Vorführung wirklich großen Nutzen. Eltern sind übrigens begeisterte Begleiter eines Planetariumsbesuchs! Anschriften der Planetarien gibt es im Anhang.

Astronautenausbildung mit Eulalia, der Mondmaus

Das Kapitel über Weltraumfahrer enthält eigentlich eine ganze Astronautenausbildung. Es eignet sich gut zum Anschluss an vorherige Einheiten über Sonne, Mond, Planeten und Sterne und krönt ein „Sternenjahr". Wegen der hohen Identifikation der Kinder mit Eulalia (und weil das „spacige" Thema sonst leicht etwas abhebt), bildet die Mondmaus hier ebenso einen roten Faden zwischen den Aktivitäten. Art und Dauer des Projektes können frei geplant werden – von der Gestaltung eines eintägigen Weltraumfestes bis zum mehrwöchigen Projektthema.

Auch dieses Projekt beginnt damit, Eulalia einzuführen. (s. unter 2. „Die Mondmaus stellt sich vor", S. 124)
Schritt für Schritt bereiten sich die Kinder jetzt auf das große Erlebnis vor: die Weltraumreise. Einstiegsritual zu jeder Einheit ist Eulalias Lied von der Weltraumreise (s. S. 95).

- *Videos von Raumflügen ansehen.* Danach erscheint Eulalia im Weltraumdress und erklärt den Kindern, wie das so ist bei der Raumfahrt... Sie ist jetzt Astronautentrainerin für die Kinder.
- *Spaceshuttle bauen; Roboter bauen und testen.*
- *Astronauten-Pässe* anlegen: Darin werden die absolvierten Trainingseinheiten aufgelistet und abgestempelt.

- *Astronauten-Gesundheits-Check*
- *Astronautenanzüge basteln*
- Zirkeltraining für *Astronauten-Fitness*
- *Weltraumnahrung* und *Raumschiff-Küche*
- *Schwerelosigkeits-Training*
- Das zweifache *Astronauten-Notfall-Training*
- *Astronauten-Prüfung* mit feierlicher Übergabe der fertigen *Astronauten-Pässe*

Endlich dürfen die Kinder mit Eulalia in das Weltall fliegen! Der Raum wird mit Weltraumutensilien geschmückt (Planetenbildern, Raumschiffmodellen, Sternbildern von vorherigen Aktivitäten), abgedunkelt und stimmungsvoll mit Teelichtern, Lichterketten usw. beleuchtet. Als Raumflüge eignen sich die *Weltraumreise*, die *Phantasiereise zum Mars* oder auch die *Phantasiereise zum Mond.* Sie sollten nicht alle gleich hintereinander absolviert werden, können aber je am nächsten Tag eingesetzt werden.
Nach der Rückkehr zur Erde passt eine Aktivität aus dem Kapitel „Die Erde", wie zum Beispiel *Erdkugeln aus farbiger Knete, Erdkugel aus Pappmaché* oder die *Erdcollage;* und wenn die Kinder den Raumflug besonders intensiv erlebt haben, das *Erdgedicht* von Joseph Cornell.

Anhang

Planetarien, Sternwarten, Institute

Technische Universität Dresden
Lohrmann-Observatorium und
Professur für Astronomie
im Institut für Planetare Geodäsie
Mommsenstraße 13
01069 Dresden
Tel.: (0351) 463-4097
Fax: (03 51) 463-70 19
E-Mail:
lohrmobs@rcs.urz.tu-dresden.de

Raumflugplanetarium
Peißnitzinsel 4a
06108 Halle
Tel.: (03 45) 2 02 87 76

Planetarium
Am Planetarium 5
07743 Jena
Tel.: (03641) 885488
Fax: (03641) 885420

Universitäts-Sternwarte
Schillergässchen 2
07745 Jena
Tel.: (03641) 6303-23
Fax: (03641) 630417
E-Mail: obs@betty.astro.uni-jena.de

Thüringer Landessternwarte
Karl-Schwarzschild-Observatorium
Sternwarte 5
07778 Tautenburg
Tel.: (03 64 27) 86 30
Fax: (036427) 86329

Sternwarte und Planetarium
Heinrich-Heine-Straße
08289 Schneeberg
Tel.: (03772) 22439

ZEISS-Großplanetarium
Prenzlauer Allee 80
10405 Berlin
Tel.: (030) 42284198

Institut für Astronomie
und Astrophysik der
Technischen Universität Berlin
Hardenbergstraße 36
10623 Berlin
Tel.: (030) 31423783
Fax: (030) 314-24885
E-Mail:
bordihn@physik.TU-Berlin.de

Wilhelm-Foerster-Sternwarte
und Planetarium
Munsterdamm 90
12169 Berlin
Tel.: (0 30) 7 90 09 30

Archenhold-Sternwarte
Alt-Treptow l
12435 Berlin-Treptow
Tel.: (0 30) 5 34 80 80

Astrophysikalisches
Observatorium Potsdam/
Sonnenobservatorium Einsteinturm
Telegrafenberg
14473 Potsdam
Tel.: (03 31) 28 80
Fax: (0331) 28823 10

Astrophysikalisches Institut Potsdam
An der Sternwarte 16
14482 Potsdam
Tel.: (0331) 74990
Fax: (0331) 7499200
E-Mail: khraedler@aip.de

Observatorium für solare Radioastronomie Tremsdorf
14552 Tremsdorf
Tel.: (03 32 05) 22 61

Hamburger Sternwarte
Gojenbergsweg 112
21029 Hamburg
Tel.: (040) 7252-41 12
Fax: (040) 7252-4198
E-Mail:
dreimers@hs.uni-hamburg.de

Planetarium
Hindenburgstraße Ö 1
22303 Hamburg
Tel.: (040) 514985-0

Planetarium
Knooper Weg 62
24103 Kiel
Tel.: (0431) 5198-211

Institut für Astronomie
und Astrophysik
Leibnizstr. 15
24118 Kiel
Tel.: (0431) 880-41 10
Fax: (0431) 880-4100
E-Mail:
jonas@astrophysik.uni-kiel.d400.de

Sternwarte der Olbers-Gesellschaft
Olbers-Planetarium der
Hochschule Bremen, FB Nautik
Werderstr. 73
28199 Bremen
Tel.: (0421) 706882
E-Mail: Dieter.Vornholz@t-online.de

Astronomische Station am Institut
für Erdmessung der Universität
Schneiderberg 50
30167 Hannover
Tel.: (0511) 7622475

Planetarium im Museum für Astronomie und Technikgeschichte
Orangerie
An der Karlsaue 20c
34121 Kassel

Universitäts-Sternwarte
Geismarlandstraße 11
37083 Göttingen
Tel.: (05 51) 39 50 42/39 50 53
Fax:(0551)395043
E-Mail:(name)@uni-sw.gwdg.de

Planetarium
Uhlandweg 2
38440 Wolfsburg
Tel.: (053 61) 2 1939

Harzplanetarium
Sekundärschule „Maxim Gorki"
Walther-Rathenau-Straße 11
38855 Wernigerode
Tel.: (0 39 43) 3 22 77

Planetarium und Sternwarte
Castroper Straße 67
44777 Bochum
Tel.: (02 34) 5 1606-0
Fax: (0234) 51606-51
E-Mail: planetarium@bochum.de

Astronomisches Institut
der Ruhr-Universität
Postfach 10 21 48
44780 Bochum
Tel.: (02 34) 7 00 34
Fax: (0234) 7094-16954
E-Mail: astrorub@ruba.rz.ruhr-uni-
bochum.de

Volkssternwarte/
Planetarium Stadtgarten
Cäcilienhöhe
45657 Recklinghausen
Tel.: (02361) 23134

Astronomisches Institut der
Westfälischen Wilhelmsuniversität
Wilhelm-Klemm-Straße 10
48149 Münster
Tel.: 49(0)2 51-83-35 61
Fax: 49(0)2 51-83-35 65
E-Mail: userid oder
aimal@cygnus.um.muenster.de

Planetarium im Naturkundemuseum
Sentruper Straße 285
48161 Münster
Tel.: (0251) 89423

Museum am Schölerberg/
Planetarium
AmSchölerberg 8
49082 Osnabrück
Tel.: (0541) 560030

Physikalisches Institut
der Universität zu Köln
Zülpicher Straße 77
50937 Köln
Tel.: (0221) 470-3567
Fax: (0221) 470-5162
E-Mail: ...@phl.uni-koeln.de

Astronomische Institute
der Universität Bonn
Sternwarte mit Observatorium
Hoher List
Institut für Astrophysik und
Extraterrestrische Forschung
Auf dem Hügel 71
53121 Bonn
Tel. Sternwarte: (0228) 733655.56
Fax: (0228) 73-3672
E-Mail: user@astro.uni-bonn.de

Radioastronomisches Institut
mit Radioobservatorium Stockert
E-Mail: mebold@astro.uni-bonn.de

Radioobservatorium Stocken
53902 Eschweiler
Tel.: Bad Münstereifel
(0 22 53) 30 03

Max-Planck-lnstitut
für Radioastronomie
Auf dem Hügel 69
53121 Bonn
Tel.: (02 28) 52 51
Fax: (0228) 525229

Observatorium Hoher List
54550 Daun/Eifel
Tel.: (065 92) 21 50/2937

Außenstation Schalkenmehren
Hembrich 6
54552 Schalkenmehren/Eifel
Tel.: 49(0)65 92-39 14

Sternwarte der Universität
Adolf-Reichwein-Straße
57068 Siegen
Tel.: (0271) 740-46 13
Fax: (0271) 740-2330

Institut für Theoretische Physik
(Astrophysik)
Robert-Mayer-Straße 10
60325 Frankfurt/Main
Tel.: (069) 7982357
Fax: (0 69) 7 98 83 50
E-Mail: kegel@astro.uni-frankfurt.de

Planetarium
W.-Varnholt-Allee 1
68165 Mannheim
Tel.: (06 21) 41 5692
Fax: (0621) 412411

Landessternwarte
Königstuhl 12
69117 Heidelberg
Tel.: (06221) 50 90
Fax: (06221) 509-202
E-Mail: Postmaster@maiLlsw.uni-
heidelberg.de

Max-Planck-Institut für Astronomie
Königstuhl 17
69117 Heidelberg
Tel.: (062 21) 52 80
Fax: (06221) 528246
E-Mail: mpia-hd.mpg.de

Astronomisches Recheninstitut
Mönchhofstraße 12-14
69120 Heidelberg
Tel.: (06221) 40 50
Fax: (06221) 405297

Institut für Theoretische Astrophysik
Tiergartenstr. 15
69121 Heidelberg
Tel.: (06221) 544837
Fax: (06221) 544221
E-Mail:
wmt@manki-ita.uni-heidelberg.de

Carl-Zeiss-Planetarium
mit Sternwarte Welzheim
Mittlerer Schlossgarten
70173 Stuttgart
Tel.: (07 11) 16292 15
Fax: (07 11)2163912
E-Mail:
HUKPLAN@planetarium.s.shuttle.de

Sternwarte Welzheim
Tel.: (071 82) 42 84

Astronom. Institut der Univ.
Waldhäuser Straße 64
72076 Tübingen
Tel.: (07071) 292486
Fax: (07071) 293458
E-Mail:(username)@ait.physik.uni.
tuebingen.de

Lehr- und Forschungsbereich
Theoretische Astrophysik
der Universität Tübingen
Auf der Morgenstelle 10
72076 Tübingen
Tel.: (07071) 292487
Fax: (07071) 297575
E-Mail:username@tat.physik.uni-
tuebingen.de

Richard-Fehrenbach-Planetarium
in der Gewerbeschule II
Friedrichstraße 51
79098 Freiburg im Breisgau
Tel.: (0761) 276099

Kiepenheuer-Institut
für Sonnenphysik
Schöneckstraße 6
79104 Freiburg
Tel.: (0761) 3198-0
Fax: (07 61) 3 1981 11
E-Mail: secr@kis.uni-freiburg.de

Planetarium Forum der Technik
Museumsinsel 1
80538 München
Tel.: (089) 2 11-25-180
Fax: (089) 2 11-1 89

Planetarium und
Bayerische Volkssternwarte
Anzinger Straße 1
81671 München
Tel.: (089) 406239

Institut für Astronomie und Astro-
physik der Universität München
Universitäts-Sternwarte
Scheinerstraße 1
81679 München
Tel.: (089) 922094-0
E-Mail:
sam@usmv23.uni-munchen.de

Europäische Südsternwarte (ESO)
Karl-Schwarzschild-Straße 2
85748 Garching
Tel.: (0 89) 32 00 62 76
Fax: (089) 3202362

Max-Planck-Institut für Astrophysik
Karl-Schwarzschild-Straße 1
85748 Garching
Tel.: (0 89) 32 99-00
Fax: (0 89) 32 99-32 35
E-Mail: userid@mpa-garching

Max-Planck-Institut
für Extraterrestrische Physik
Karl-Schwarzschild-Str. 1
85748 Garching
Tel.: (089) 3299-00
Fax: (089) 3299-3599
E-Mail: mfs@mpe-garching

Augsburgs-Planetarium
ImThäle 3
86152 Augsburg
Tel.: (0821) 32467 62

Volkssternwarte und Planetarium
Parkweg 44
88471 Laupheim
Tel.: (073 92) 9 1059

Planetarium
Am Plärrer 41
90317 Nürnberg
Tel.: (0911) 265467

Sternwarte
Regiomontanusweg 1
90431 Nürnberg
Tel.: (09 11) 9593538

Dr.-Remeis-Sternwarte Bamberg
Astronomisches Institut der
Universität Erlangen-Nürnberg
Sternwartstraße 7
96049 Bamberg
Tel.: (09 51) 9 52 22-0
Fax: (0951) 95222-22
E-Mail: postmaster@sternwarte.uni-
erlangen.de

Sternwarte Sonneberg
Sternwartestraße 32
96515 Sonneberg
Tel.: (036 75) 8 12 10
Fax: (036 75) 8 12 19

Institut für Astronomie
und Astrophysik
Am Hubland
97074 Würzburg
Tel.: (0931) 888-5031
Fax: (0931) 888-4603
E-Mail:
deubner@astro.uni-wuerzburg.de

URANIA-Sternwarte
Uraniastraße l
A-1010 Wien
Tel.: (02 22) 7 126191

Planetarium der Stadt Wien
Oswald-Thomas-Platz 1
A-1020 Wien
Tel.: (0222) 249432

Kuffner-Sternwarte
Johann Staud-Straße 10
A-1160 Wien
Tel.: (0222) 91481 30
Fax: (02 22) 9 1481 30-31
E-Mail: admin@kuffner.ac.at

Institut für Astronomie
der Universität Wien,
Universitäts-Sternwarte
Türkenschanzstraße 17
A-1180 Wien
Tel.: (0222) 4706800-0
Fax: (0222) 4706800-15
E-Mail: user@astro.ast.univie.ac.at

Institut für Astronomie
der Universität Innsbruck
Technikerstraße 25
A-6020 Innsbruck
Tel.: (0512) 5076031
Fax: (05 12) 5072923
E-Mail: Astro@uibk.ac.at

Institut für Astronomie der
Universität Graz
(Universitätssternwarte)
Universitätsplatz 5
A-8010 Graz
Tel.: (03 16) 380-5270/5271
Fax: (03 16) 384091
E-Mail: arh@bimgsl.kfunigraz.ac.at

Observatorium Lustbühel
Lustbühelstraße 46
A-8042 Graz
Tel.: (03 16) 41358-16

Raumflugplanetarium
Villacher Straße 239
A-9020 Klagenfurt

Sternwarte
Kreuzbergl
Tel.: (04 63) 2 1700

Sonnenobservatorium Kanzelhöhe
A-9521 Treffen/Kärnten
Tel.: (042 48) 27 17
Fax: 04 56-42 48-2 00

Astrodrom Universität Bern
Muesmattstr. 29
CH-3012 Bern
Tel.: (00 41) 3 1631 86 52
Fax: (00 41) 3 1631 42 10
E-Mail: schreng@sis.unibe.ch

Astronomisches Institut
der Universität Basel
Venusstraße 7
CH-4102 Binningen
Tel.: (061) 27177 11
Fax: (061) 2717810

Planetarium im Verkehrshaus
der Schweiz
Lidostraße 5
CH-6006 Luzern
Tel.: (041) 31 4444

Istituto Ricerche Solari
Locarno via Patocchi
CH-6644 Orselina
Tel.+Fax: 00 41 93 33 42 26

URANIA-Sternwarte
Uraniastraße 9
CH-8000 Zürich

Institut für Astronomie
ETH-Zentrum
CH-8092 Zürich
Tel.: 41-1-6323813
Fax: 41-1-632 1205
E-Mail:
username@astro.phys.ethz.ch

Hobbyastronomen, Vereinssternwarten und -planetarien

Freundeskreis Sternwarte e.V.
Volkssternwarte Erich Bär
Stolpener Straße, PF 84-40
01454 Radeberg

Planetarium
An der Ingenieurschule
01968 Senftenberg

Sternwarte Bautzen
Schulsternwarte und Planetarium
Czornebohstraße 82 (Naturpark)
02625 Bautzen

Volks- und Schulsternwarte
Zöllnerweg 12
02689 Sohland

Scultetus-Sternwarte
An der Sternwarte l
02827 Görlitz

Astronomisches Zentrum
An der Bergbreite
04435 Schkeuditz

Sternwarte und Planetarium
Mansberg 18
04838 Eilenburg

Schulsternwarte
Am Wasserturm
04916 Herzberg

Planetarium Aschersleben
Im Tierpark
Auf der Alten Burg 40
06449 Aschersleben

Urania-Sternwarte
Schillergässchen 2
07745 Jena

Schulsternwarte
Rützengrüner Straße 41 a
08228 Rodewisch (Vogtland)

Volkssternwarte und Planetarium
Straße der Jugend 14
09430 Drebach (Erzgebirge)

Bruno H. Bürgel Sternwarte
Heerstraße 531
13593 Berlin

Planetarium -Beobachtungsstation
Im Neuen Garten 6
14469 Potsdam

Astronomie-AG der VHS Buxtehude
Braunschweiger Str.4
21614 Buxtehude

Gesellschaft für volkstümliche
Astronomie (GvA) e. V.
Hindenburgstraße Ö l
22303 Hamburg

Sternwarte Lübeck
Am Ährenfeld 2
23564 Lübeck

Gesellschaft für volkstümliche
Astronomie (GvA) e.V. Gruppe Kiel
Hofbrook64
24119 Kronshagen

Volkssternwarte Kronshagen
SuchsdorferWeg33
24119 Kronshagen

Arbeitsgemeinschaft Sternwarte
der Volkshochschule Neumünster
Stadt Neumünster/Kulturamt
24534 Neumünster

Volkssternwarte Norderstedt e.V.
Breslauer Straße 7
24850 Norderstedt

Oldenburger Sternfreunde e.V.
Goldene Linie 37
26188 Edewecht/Portsloge

Astronomischer Arbeitskreis
Norderney
„Wilhelm Dorenbusch Sternwarte"
Birkenweg 22
26548 Norderney

Astronomischer Verein
Wilhelm-Leuschner-Straße 48
26871 Papenburg

Planetarium
Bahnhofstraße 52
26954 Nordenham

Planetarium der Bismarckschule
An der Bismarckschule 5
30173 Hannover

Volkssternwarte
Am LindenerBerg27
30449 Hannover

Privatsternwarte
Alter Weg 4 B
31241 Ilsede

Schulsternwarte
im Zentrum Lohfeld
Wasserfuhr 25 e
32108 Bad Salzuflen

Sternwarte Lemgo der FH Lippe
Astronomische Arbeitsgemeinschaft
an der FH Lippe e.V.
Liebigstraße 87
32655 Lemgo

Sternwarte
der F.-W.-Weber-Realschule
EIsterweg 13
33014 Bad Driburg

Volkssternwarte Paderborn e.V.
Im Schlosspark, Schloss Neuhaus
Marstallstraße 13
33104 Paderborn

Arbeitsgemeinschaft Astronomie,
Physik, Umwelt
Naturwissenschaftlicher Verein
Kreuzstraße 38
33602 Bielefeld

Schulsternwarte
Brackweder Gymnasium
Beckumer Straße 10
33647 Bielefeld

Volkssternwarte Ubbedissen
Wietkamp 5
33699 Bielefeld

Astronomischer Arbeitskreis
Kassel e.V
Wilhelmshöher Allee 300 A
34131 Kassel

Förderverein Schulsternwarte
Gudensberg e.V.
Schwimmbadweg 30
34281 Gudensberg

Planetarium im Vonderau-Museum
Jesuitenplatz 2
36010 Fulda

Hans-Nüchter-Sternwarte
Domänenweg 2
36037 Fulda

Vereinigte Amateur-Astronomen
Eschwege
Hauptstraße 36
36205 Sontra-Ulfen

Sternwarte - Freundeskreis der
Himmelskunde
Dr.-Martiny-Straße 1
36364 Bad Salzschlirf

Förderkreis Planetarium Göttingen
e. V.
Stegemühlenweg 48
37083 Göttingen

Sternfreunde Braunschweig-
Hondelage e.V.
Ackerweg 1 B
38108 Braunschweig

Verein für astronom. Bildung
im LK Halberstadt e. V
Wilhelm-Trautewein-Str. 19
38820 Halberstadt

Planetarium und Sternwarte
Pablo-Picasso-Straße 21
39128 Magdeburg

Benzenberg-Sternwarte
Wimpfener Straße 18
40597 Düsseldorf

Sternwarte Neanderhöhe
Hochdahl.Stellarium
Hildener Straße 17
40699 Erkrath

Astronomischer Arbeitskreis
Mönchengladbach e.V.
Engelsholt 143
41069 Mönchengladbach

Walter-Horn-Ges. e.V.
Sternwarte
Sternstraße 5
42719 Solingen

Sternwarte im Westfalenpark
Astronomischer Verein
Dortmund e. V.
Herder Bahnhofstr. 9
44263 Dortmund

Verein für volkstümliche
Astronomie
Weberplatz l
45127 Essen

Walter- Hohmann-Sternwarte
Wallneyer Straße 159
45133 Essen

Volkssternwarte Hattingen e. V.
Schonnefeldstr.23
45326 Essen

Rudolf-Römer-Sternwarte
Rheinhausen e.V.
SchwarzenbergerStr. 147 (im KFR)
47226 Duisburg

Moerser Astronomische
Organisation e.V.
Drinhausstr. 2
47447 Moers

Volkssternwarte Goch/Kleve e. V.
Berliner Straße 69
47574 Goch-Nierswalde

Vereinigung Krefelder
Sternfreunde e.V.
Waldhofstraße 132
47800 Krefeld

Sternfreunde Münster e.V.
Sentruper Straße 285
48161 Münster

Astro-AG Waldhügel
Birkhahnweg 8
48429 Rheine

Planetarium
Blücherstraße 17
50733 Köln

Volkssternwarte
Nikolausstraße 55
50937 Köln

Sternwarte am Hangeweiher
VHS Aachen
Peterstr. 21-25
52062 Aachen

Volkssternwarte Bonn e. V.
Poppelsdorfer Allee 47
53115 Bonn

Sternwarte Trier e.V.
Wilhelm-Leuschner-Straße 50
54292 Trier

Astronomische Arbeitsgemeinschaft
der Sternfreunde Mainz und
Umgebung e.V.
Petersplatz 2
55116 Mainz

Volkssternwarte
Eugen-Richter-Turm
58135 Hagen

Volkssternwarte
Steinkuhlenweg 6
59494 Soest

Volkssternwarte des
Phys. Vereins Frankfurt
Robert-Mayer-Straße 2-4
60054 Frankfurt

Starkenburg-Sternwarte
Kl. Bach 3
64646 Heppenheim

Astronomische Gesellschaft
Urania e.V.
Volkssternwarte
Bierstadter Str.47
65189 Wiesbaden

Rüsselsheimer Sternfreunde e.V.
Am Borngraben 40
65428 Rüsselsheim

Sternwarte Peterberg
Verein der Amateurastronomen
des Saarlandes e.V.
Händelstraße l
66538 Neunkirchen

Astronomischer Arbeitskreis
Pfalzmuseum für Naturkunde
Hermann-Schäfer-Str. 17
67098 Bad Dürkheim

Arbeitsgemeinschaft
Volkssternwarte Schriesheim e.V.
Entengasse 3
69198 Schriesheim

Schwäbische Sternwarte
Zur Uhlandshöhe 41
70188 Stuttgart

Schul- und Volkssternwarte
Anemonenstraße 15
70771 Leinfelden-Echterdingen

Sternwarte Höfingen
Theodor-Heuss-Str. 6/1
71229 Leonberg

Freie Initiative Backnanger
Sterngucker
Adlerstr.9
71549 Lippoldsweiler

Astronomische Vereinigung
Tübingen e.V.
Sternwarte der Universität
Waldhäuser Straße 64
72076 Tübingen

Sternwarte und Planetarium
Hartmannstraße 140
72458 Albstadt-Ebingen

Neckar-Alb-Sternwarte
Astronomische Vereinigung
Nürtingen e.V.
Birkenweg 7
72622 Nürtingen

Planetarium und Sternwarte
Karlstraße 40
72764 Reutlingen

Sternfreunde Donzdorf
Messelberg-Sternwarte
beim Schulzentrum
73072 Donzdorf

Schul- und Volkssternwarte
Rombacherstraße 30
73430 Aalen

Robert-Mayer-Volks- und
Schulsternwarte
Bismarckstraße 10
74072 Heilbronn

Arbeitsgemeinschaft Astronomie
Rosenstraße 15/2
74321 Bietigheim-Bissingen

Astronomie-Arbeitskreis Walter-
Hohmann-Sternwarte
Alte Würzburger Straße 5
74736 Hardheim

Astronomischer Arbeitskreis
Parkstraße 25
75223 Öschelbronn

Sternwarte des
Max-Planck-Gymnasiums
Krokusweg
76199 Karlsruhe

Kraichgau-Sternwarte
Gondelsheim e. V.
Lilienstraße 25
76669 Bad Schönborn

Sternwarte Steißlingen
Im Städtle 19
78256 Steißlingen

Volkssternwarte Freiburg
Staudinger Straße 10
79115 Freiburg/Br.

Sternfreunde Breisgau e. V.
Theodor-Fontane-Weg 2
79312 Emmendingen

Sternwarte des Max-Born-
Gymnasiums
Johann-Sebastian-Bach-Str. 8
82110 Germering

Astronomische Vereinigung West-München (AVWM)
Grassifinger Straße 43
82194 Gröbenzell

Volks- und Schulsternwarte Geretsried e. V.
Adalbert-Stifter-Str.14
82538 Geretsried

Astronomische Arbeitsgruppe Laufen e.V.
Goethestraße 8
83410 Laufen

Sternfreunde Pfarrkirchen
Oberhaus
84367 Zeilarn

Astronomischer Arbeitskreis Ingolstadt e.V.
Lilienthaistraße 137
85077 Manching

Astronomische Vereinigung Augsburg e.V.
Pestalozzistraße
86420 Diedorf/Augsburg

Sternwarte
Bruder-Klaus-Heim
86450 Violau

Astronomische Gesellschaft Buchloe e. V.
Gamsbichlstr. 10
86807 Buchloe

Astronomieverein Kempten e.V.
Saarlandstr. l
87437 Kempten

Allgäuer Volkssternwarte e.V.
Schwabenstraße 13
87724 Ottobeuren

Astronomischer Arbeitskreis Waldburg-Weingarten e.V.
Gartenstraße 31
88255 Baindt

Sternwarte Überlingen Ob.
St. Leonhardstraße 45
88662 Überlingen

Astronomische Arbeitsgruppe
Julius-Leber-Weg 49
89075 Ulm

Astronomie & Philatelie
Brunhildstraße l a
90461 Nürnberg

Nürnberger Astronomische Arbeitsgemeinschaft e. V.
Regiomontanuswegl
90491 Nürnberg

Bayerische Volkssternwarte
Moorstraße 5
92318 Neumarkt

AK Astronomie der Weltenburger Akademie
Adlerstraße 104
93326 Abensberg

Volkssternwarte Veste
Oberhaus 125
94034 Passau

Volkssternwarte Hof
EgerländerWeg 25
95032 Hof

Volkssternwarte Tirschenreuth
Blankenbühlstraße 28
95643 Tirschenreuth

Johann-Kern-Sternwarte e.V.
Mittlere Flur 20
97877 Wertheim

Astronomische Vereinigung Weikersheim
Marienstraße 38
97980 Bad Mergentheim

Volks- und Schulsternwarte
Auf dem Hoheloh 1
98527 Suhl

Volkssternwarte Erfurt
Gothaer Straße 4 a
99192 Molsdorf

Wiener Arbeitsgemeinschaft für Astronomie
Dreyhausenstr. 11/53
A-1140 Wien

Astronomischer Jugendclub
Richard-Wagner-Platz 2/8
A-1160 Wien

Johannes Kepler Sternwarte Linz
Sternwarteweg 5
A-4020 Linz

Eisner-Sternwarte
Kalvarienberg
A-4810 Gmunden

Astronomischer Arbeitskreis Salzkammergut
Sternwarte Gahberg bei Weyregg am Attersee
Sachsenstraße 2
A-4863 Seewalchen

Arbeitsgruppe für Astronomie am „Haus der Natur"
Raphael-Donner-Straße 8
A-5026 Salzburg

Volkssternwarte am Voggenberg
Tischlerstraße 8
A-5101 Bergheim/Sbg.

Sternwarte und Planetarium Königsleiten
Königsleiten 29
A-5742 Waldi.Pinzgau

Astro-Club Planetarium
Schützenstraße 16
A-6332 Kufstein

Vorarlberger Amateur Astronomen
Hofsteigstraße 33
A-6890 Lustenau

Burgenländische Amateurastronomen
Neusiedlerstraße 8
A-7000 Eisenstadt

Burgenländische Landessternwarte
Dr.-Karl-Renner-Straße l
A-7000 Eisenstadt

Astronomischer Verein
Venusstraße 7
CH-4102 Binningen

Sternwarte Sursee
Berufsschule Kotten
Kybürgerstr. 3
CH-6210 Sursee

Schul- und Volkssternwarte Bülach
Rotzibüch bei Eschenmosen
CH-8180 Bülach

Dr. h. c. Hans-Rohr-Sternwarte
Astro-AG der Naturforschenden Gesellschaft
Beckengässchen 23
CH-8201 Schaffhausen

Sternwarte Kreuzlingen
Breitenrainstraße 21
CH-8280 Kreuzlingen

Sternwarte Eschenberg der AG Winterthur
Breitenstraße 2
CH-8542 Wiesendangen

Amateurastronomen „MaxValier"
Verein zur Förderung der Astronomie in Südtirol
Neustifterweg 5
I-39100 Bozen

Stiftung Volkssternwarte Twente
Astronomischer Verein der Grafschaft Bentheim e. V.
Frensdorferweg 22. LATTROP
NL-7590 AB Denekamp

Literaturhinweise

Neben der hier genannten kleinen Auswahl hält jede Buchhandlung eine ganze Zahl einführender Bücher zu Sternen und Weltraum vorrätig. Kinderbuchhandlungen haben immer einen eigenen Bereich zum Thema eingerichtet, außerdem verfügen auch die Bibliotheken über reichhaltiges Material.

Asch, Frank: Der kleine Mondbär, Herder, Freiburg 1980

Bottmeyer, Manfred: Das Sternenbuch für große und kleine Sterngucker, Coppenrath, Münster 1991

Burillier, Hervé: Sternführer für Einsteiger – Die 60 wichtigsten Sternbilder verständlich erklärt, Franckh-Kosmos, Stuttgart 1999

Fasching, Gerhard: Sternbilder und ihre Mythen, Springer, Wien 1998
Herrmann, Joachim: Das große Lexikon der Astronomie, Orbis Verlag, München 1996

Keil, Karl-August: Sternbildblätter – Anleitung zum Kennenlernen der Sternbilder, Bayrischer Schulbuch-Verlag, München 1987

Keller, Hans-Ulrich: Das Himmelsjahr 2000 – Sonne, Mond und Sterne im Jahreslauf, Franckh-Kosmos, Stuttgart 1999

Keller, Hans-Ulrich: Kosmos-Himmelsjahr, Kosmos, jährlich neu

Kelly, Kevin W. & Association of Space Explorers: ,Der Heimatplanet, Zweitausendeins, Frankfurt/Main 1992

Kerrod, Robin: Sterne, Sterne – Astronomie für Kinder, Bechtermünz, Augsburg 1999
Kokoschka: Schau mal in die Sterne – Atlas für Himmelbeobachter, Kosmos, Stuttgart

Kosmos-Sternkarte, Franckh-Kosmos, Stuttgart

Mitton, Simon und Jaqueline: Young Oxford Astronomie, Beltz, Weinheim 1999

Morrison, Philip und Phylis: Zehn hoch: Dimensionen zwischen Quarks und Galaxien, Zweitausendeins, Frankfurt 1995

Seifert, Vladimir: Wie wird das Wetter?, Weltbild Verlag

Storm, Dunlup: ,Astronomie für Einsteiger, Franckh-Kosmos, Stuttgart 1987

Widmann/Schütte: Welcher Stern ist das?, Kosmos, Stuttgart

Links

Außer den in den Kapiteln genannten Internetlinks ist dieser hier zu empfehlen, er führt auf weitere informative Seiten: www.kis.uni-freiburg.de/sonne.html.

Die Spielaktionen im Überblick

Geschichten mit Eulalia – Spiele und Experimente – Basteleien – Sagen – Rezepte – Lieder

Sagen

Rezepte

Lieder

Autorenteam

Dr. Michael Kalff,
geboren 1962, Pädagogikstudium in Freiburg; Studium der buddhistischen Philosophie, Erkenntnistheorie und Meditation am Karmapa International Buddhist Institute in Neu Delhi.
1988 Gründer und bis 1992 Leiter der Naturschule Freiburg; Autor vom „Handbuch zur Natur- und Umweltpädagogik" und von „Kinder erfahren die Stille". 1998–2000 wissenschaftlicher Mitarbeiter bei Prof. Dr. Ernst Ulrich von Weizsäcker am Wuppertal Institut („MIPS für Kids"); Dozent in der Fortbildung der Naturpädagogik in Deutschland und der Schweiz, Lehraufträge an den Hochschulen in Freiburg und Wuppertal. Liebt die Sterne sehr, verdankt ihnen viel und hat ihnen ein Versprechen gegeben.

Birgit Laux,
geboren 1964, Erzieherin, Natur- und Umweltpädagogin, Weiterbildung zur Kreativen Sozialtherapeutin. Seit ihrer Kindheit begeisterte Sternenguckerin, Naturliebhaberin, Geschichtenerfinderin und -erzählerin. In langjähriger pädagogischer Tätigkeit mit Grundschulkindern, vor allem aber mit Vorschulkindern zahlreiche naturpädagogische Projekte, mit Vorliebe zum Thema Astronomie. Das jüngste Projekt führte sie zusammen mit der Mondmaus in eine Pfälzer Kindertagesstätte, in der Eulalia mit großer Begeisterung aufgenommen wurde.